Si Realmente Creo, ¿Por Qué Tengo Estas Dudas?

Si Realmente Creo, ¿Por Qué Tengo Estas Dudas?

Lynn Anderson

Una división de Thomas Nelson
P.O. Box 141000,
Nashville, TN 37214-1000

Título del original en inglés:
If I Really Believe, Why Do I Have These Doubts?

Publicado por *Bethany House Publishers*

Traductor: *Miguel A. Mesías*

ISBN: 0-88113-327-2

Impreso en EE.UU.
Printed in the U.S.A.

A mis padres,
Lawrence y Mary Anderson,
ya fallecidos,
por medio de quienes recibí la fe,

a mi esposa Carolyn,
quien sigue a mi lado la sinuosa senda de la fe,

a nuestros hijos,
Michele, Deborah, Jon y Christopher,
quienes viven por fe

y a nuestros nietos.

«¡Ojalá que todos los que vengan detrás nos hallen fieles!»

LYNN ANDERSON ha permanecido por más de treinta años en el ministerio y actualmente es pastor de Preston Road Church of Christ, en Dallas, Texas. Obtuvo su doctorado en Abilene Christian University y es autor de *Finding the Heart to Go On* [En busca del valor para continuar]. Él y Carolyn, su esposa, son padres de cuatro hijos ya adultos.

Prólogo

Recientemente un ministro profesional con años de experiencia vino a verme en mi oficina. Luchando por contener las lágrimas y con la voz temblando admitió que está hundiéndose en un mar de dudas —dudas serias en cuanto a su fe y a su Fundador. En silencio le escuché y luego le aseguré que podía identificarme con su dilema.

No era la primera vez que algo parecido ocurría y sé que no será la última. Pero de aquí en adelante tendré que ofrecer a mis vacilantes visitantes algo más que un espíritu comprensivo.

Si realmente creo, ¿por qué tengo estas dudas? es lo mejor de Lynn Anderson. El tema del cual se ocupa exige sinceridad intelectual y emocional y Lynn logra ambas. Mi fe ha cobrado aliento con la lectura de este libro y no tengo dudas de que también lo hará en usted.

Bill Hybels
Pastor principal
Willow Creek Community Church

Contenido

Reconocimientos

Este libro no es teórico. No tiene la intención de ser meramente buena lectura. Más bien, es una tajada de la vida real. Años antes de que la primera palabra fuera escrita en el papel, este libro estaba formándose en mi propia lucha personal al tratar con las dudas y hallar la fe. La forma de este libro se cinceló durante numerosas clases, seminarios y retiros que celebré bajo el título: «Creo, pero...» Cientos de sesiones de debate y discusiones posteriores a tales presentaciones han afinado y ampliado mis pensamientos.

Esto quiere decir, por supuesto, que estoy en deuda a más personas de las que me es posible recordar, mucho menos mencionar. Pero mi agradecimiento especial va dirigido a algunos más cercanos a mí.

Primero, estoy en deuda a una multitud de escritores cuyas obras me han ayudado a través de tiempos difíciles y han influido en estas páginas. La mayoría reciben el reconocimiento debido en el texto y en las notas al pie. Algunos nombres se me han escapado de la memoria ya hace buen tiempo, aun cuando sus perspectivas y puntos de vista todavía me moldean e incluso hasta pueden confundirse con los míos propios.

La mayoría de los «relatos de personas» en este libro son reales y me los contaron individuos que en realidad las vivieron. Sin embargo, he combinado algunos relatos con otros, he asignado nombres ficticios y cambiado los nombres de lugares, género gramatical e inclusive la trama a fin de proteger lo confidencial, de modo que cualquier «similitud a personas vivas o muertas» es pura coincidencia. Sin embargo, estoy en deuda con esas personas. Es más, quisiera *poder* nombrar a algunas; son las verdaderas heroínas de este libro.

Gracias especiales a Patsy Strader por mecanografiar incansablemente y a Lyn Rose por sus incontables horas ante el procesador de palabras y en la librería desenterrando notas.

También lo merecen Charette Barta de Bethany House Publishers y mi editora Anne Christian Buchanan. Charette me animó por correo, me acicateó por teléfono y oró levantándome el espíritu para que este libro apareciera. Anne perseveró conmigo a través del minucioso proceso de afinar el manuscrito, y me ayudó a sentir confianza de que estaba diciendo lo que quería decir.

Gracias, también, al personal y ancianos de Preston Road Church of Christ que pacientemente me han permitido invertir las horas necesarias para acabar este libro mientras fui su pastor de púlpito solamente por unos pocos meses.

Y gracias a mi familia que me respalda y cree en mí y en este libro lo suficiente como para a veces «pasárselas sin papá».

Pero sobre todo, estoy agradecido a ti, mi amante y paciente Señor. Nunca me has dejado ni me has desamparado, incluso cuando estaba enfadado contigo, o no estaba seguro de creer en ti, o cuando te rompí el corazón. Y, Señor, conforme otro dudoso toma en sus manos este libro, que los pensamientos que constan en estas páginas ayuden y consuelen a esa alma así como me ayudan y me consuelan a mí.

Tú eres mi vida, mi luz y mi salvación. Te amo, confío en ti y te alabo.

Y Señor, creo... ¡por favor, ayuda mi incredulidad!

Lynn Anderson

Prefacio

«Creo, pero...»

Su nombre se escapa. Llamémoslo Ketar, que en hebreo significa resolver un problema o resolver una duda...

Los dedos de Ketar se crispaban y temblaban, pero su brazo seguía cálido y gentil sobre los hombros mojados de su malhumorado hijo. Años de temor y frustración le ahogaban la voz. Con la punta de su pulgar Ketar se limpió las lágrimas que afloraban de sus ojos.

El terror había atacado de nuevo. Una vez más habían rescatado a su hijo después de haber estado a punto de ahogarse. Los empapados vestidos del joven se pegaban a su tembloroso cuerpo, pero no cubrían las cicatrices de las quemaduras que cruzaban su espalda.

—Algunas veces el demonio le tira en el agua, algunas veces en el fuego —dijo Ketar angustiado estando frente al hijo del carpintero— ¿Podrías hacer algo...?

—¿Que *si* puedo? —respondió Jesús—. Todas las cosas son posibles para los que creen.

—¿Creer? Yo creo.

Pero en realidad, la poca fe que poseía Ketar no parecía conectarse con su vida. ¿Cómo uno cree? Oraba con frecuencia por el muchacho, pero nada cambiaba. ¿Había en realidad esperado que algo cambiara? Sus largos días y oscuras noches parecían siempre lo mismo. Estaba llegando al final de su cuerda.

Su hijo no era el único que necesitaba ayuda con desesperación. ¡El mismo Ketar la necesitaba! No podía hallar ningún prisma claro para separar las fuerzas demoníacas de la luz del cielo.

—Creo —murmuró—, pero...

¿Podría haber esperanza? Tal vez el hijo del carpintero podía restaurar el equilibrio a su mundo y acallar las voces de sus demonios.

—Creo, pero... ayúdame. Ayúdame a vencer mi *incredulidad*...

mi incredulidad...
    mi incredulidad...

Aun cuando las palabras de Ketar brotaron sólo en forma suave hace veinte siglos, ¡su eco no ha muerto! Algunos creyentes todavía luchan con las dudas hoy.

¡Y todavía tenemos ayuda, ayuda real, a nuestra disposición!

Parte I

Si creo, ¿por qué me siento de esta manera?

A mitad del camino de nuestra vida,
volví en mí en un bosque oscuro
donde la senda derecha se perdió.

DANTE

1

Cuando la fe se desinfla

Un amigo mío en Houston abrió su correspondencia y entre las cartas encontró la siguiente:

Querido _____________:

Algo me ha estado fastidiando últimamente, que pienso que merece que te lo mencione. He perdido a Dios. No lo he podido hallar más en mi vida. Este no es un caso de ateísmo de segundo año de universidad, sino más bien una declaración de un hecho claro; en la misma manera, por ejemplo, como si dijera: «Se me han extraviado las llaves de mi automóvil».

De ninguna manera estoy negando la existencia de Dios. Pero para mí, simplemente Él no es real.

Este hecho se me hizo evidente la otra noche cuando traté de orar. Había dicho dos o tres frases, cuando me di cuenta de que en realidad no sentía lo que decía y quizás Dios al fin y al cabo no me oía. De súbito, el mismo acto de la oración se convirtió en algo trágicamente absurdo. De modo que me callé, me tomé dos aspirinas y me fui a la cama.

Pero la cuestión me ha estado acosando a ratos desde entonces. Sé que una respuesta a este tipo de afirmación es decir que Dios existe en las personas y que deberíamos buscarlo allí. Pues bien, estoy de acuerdo con eso. Pero, ¿qué ha pasado con la Deidad trascendente? ¿A quién le oro? ¿Dónde está ese Señor y Salvador personal tuyo? Si tienes alguna idea sobre el asunto, me encantaría oírla.

La carta captó mi atención porque, en muchas maneras, me identifiqué sin dificultad con el escritor. También me identifiqué profundamente con Ketar, nuestro preocupado amigo que le suplicó a Jesús que le ayudara en su vacilante fe. A decir verdad, una de las razones por las cuales escribo este libro es que creo, pero que todavía necesito ayuda para mi incredulidad.

Tal vez usted también tenga dudas. Puede tomar la forma de preguntas potentes y dolorosas respecto al amor de Dios, o al poder de Dios, o incluso respecto a la existencia de Dios. O pueden tal vez emerger como sentimientos o sensaciones vagas, inexpresivas, de insatisfacción o desilusión, como un fastidioso sentido de que su fe, en un tiempo vital y completamente llena, se ha desinflado como un neumático.

Sus dudas pueden ser gigantescos peñascos que bloquean el camino al compromiso cristiano. O pueden ser diminutas piedrecitas en sus zapatos, pequeñas distracciones molestas que drenan su energía espiritual y le impiden hallar gozo pleno y de corazón en su andar cristiano. En todo caso, sospecho que sus dudas son lo que le motivaron a abrir este libro. Tal vez se une al viejo canto de Gordon Lightfoot: «No sé dónde nos equivocamos, pero el sentimiento se ha ido y no puedo recuperarlo».[1] En algún punto de su mente y corazón se agazapan preguntas tales como:

- ¿Está Dios realmente en alguna parte?
- Si es así, ¿se preocupa de verdad por mí?
- ¿Cambia algo en realidad cuando oro y estudio la Biblia?
- ¿Por qué no me siento como me solía sentir respecto a mi fe?
- Si realmente creo, ¿por qué tengo todas estas dudas molestas?

Y esta es la segunda razón por la cual escribo: para conectarme con sus dudas.

En los años desde que hice por primera vez acopio de valor para hablar franca y abiertamente respecto a mis luchas en la fe, toda clase de personas han aparecido de la espesura, muchas personas conscientes, fieles asistentes a la iglesia, y me han dicho: «Yo me siento de esa misma forma». Parecen sentirse aliviados de que alguien como yo: ministro, ex misionero, alguien que ha seguido una vocación cris-

1 Gordon Lightfoot, «If You Could Read My Mind» [Si usted pudiera leerme la mente], Early Morning Music, 1969. Usada con permiso.

tiana toda su vida, todavía halle que a veces la fe sea una lucha. Y parece que los anima el que, a pesar de mis dudas presentes, no me he dado por vencido en la jornada de la fe.

De modo que permítame empezar relatando un poco de mi propia historia; historia de alguien que ha luchado con la duda desde el inicio de la niñez. Tal vez no sea exactamente como su historia, pero espero que le permitirá retroceder en su propia experiencia y pensar con sinceridad respecto a cómo le parecen sus dudas.

Confesiones de uno que pateaba piedras

Las puntas de goma blanca de mis zapatos de lona llevaban las manchas frescas de hierba y los rasponazos producidos al patear piedras. La nieve finalmente había desaparecido, nueva alfombra verde se extendía con suavidad a través de las ondulantes praderas del Canadá, y los azafranes florecían en las faldas de las colinas. Para la mayoría de los muchachos de doce años el camino de tres kilómetros entre la escuela y la casa en una cálida tarde de primavera era una aventura deliciosa, pero no para mí. Mientras caminaba con la cabeza gacha y los ojos clavados en las puntas de mis zapatos y en la piedra que hacía avanzar a puntapiés por el camino, mi mente inquieta se debatía y luchaba a través de un laberinto de pensamientos tristes.

«¿Por qué nunca he visto a Dios?», musité. «Le hablo, pero Él nunca me habla. Todo el año pasado le supliqué una bicicleta, pero nunca la recibí. ¿Hay en realidad alguna razón para creer en Dios? ¿O es que la gente simplemente pretende que hay un Dios para estimularse mutuamente a hacer el bien por el temor? Si hay en realidad un Dios, de seguro que está muy lejos.

«Pero, al mismo tiempo... todo el mundo quiere a mi papá y *él* cree en Dios. ¿Podría estar él equivocado?»

Mi padre en realidad fue un colono en Canadá y más de la mitad de su vida la dedicó a cultivar su granja. Seis grados de escuela eran toda su educación formal, pero no su aprendizaje. Hasta su muerte, a los ochenta y cinco años, leía vorazmente. Tenía el alma de poeta, y una fe auténtica y atrayente que llevaba a la gente a respetarlo y a confiar en él.

Papá parecía ver al Todopoderoso en todas partes.

Después de la cena, en muchas de las heladas noches de invierno, papá y yo nos poníamos nuestros abrigos de piel, guantes y chanclos, y nos íbamos al granero para concluir algunos quehaceres. Recuerdo cómo una noche, mientras que la nieve seca y endurecida crujía bajo nuestras botas y la tenue luz de la interna se abría paso a través de la blancura en el suelo, papá se detuvo y señaló las brillantes partículas que centelleaban al borde del haz de luz de la linterna. «Mira qué ricos somos», me recordó. «Dios ha esparcido diamantes en nuestro camino».

Más tarde, a fines de una primavera, cuando dos tormentas se encontraron de frente sobre nuestra granja al atardecer, el cielo desplegó un asombroso colorido y movimiento. Papá se quitó su sombrero y se quedó transfigurado como en adoración, mientras que los colores en remolino se reflejaban en sus ojos. Luego me atrajo hacia sí y en voz baja me habló del poder y la majestad de Dios.

Durante los largos y arduos inviernos en la provincia de Saskatchewan, una chimenea muy adornada, con ventana de cristal y que devoraba carbón, calentaba nuestra casa. Un breve momento de una noche de invierno de hace muchos años todavía permanece vívida y fresca en mi memoria. Muy tarde en la noche oí un movimiento cerca y medio dormido abrí un ojo. El resplandor de la calefacción, la única luz en la habitación, danzaba por los fornidos hombros y la enmarañada cabellera de papá. En sus calzoncillos largos, con su cómica costura en las nalgas, papá estaba arrodillado junto a mi cama en oración.

Mi padre poseía el corazón más puro y la fe más firme de cualquier hombre que conozco. Lo quería y lo respetaba profundamente. Pero de alguna manera, parecía que no podía sentir las cosas que percibía que él sentía. Mientras pateaba piedras por el camino, pensaba: «Papá se sentiría desilusionado si supiera que realmente no estoy seguro de creer en Dios. ¿Creeré alguna vez *con seguridad*? ¿O estaré siempre preguntándome?»

Pero la trama de mi duda no tenía un corte definido. Entremezclados con los períodos de patear piedras había ocasiones cuando Dios parecía intensamente real.

El año que cumplí los trece, me iba a caballo todos los días a la escuela, que distaba como a ocho kilómetros. Algunas veces esto significaba que cabalgaba solo a través de tiempo tormentoso y llegaba a casa después que oscurecía. Dios entonces se convirtió en el consuelo de un muchacho aterrorizado. Más de una vez, ahora lo recuerdo, la fe hizo desaparecer la ansiedad y la soledad. Al espasmódico ritmo del trote de mi caballo negro, a través de la nieve que soplaba en remolinos y oscuridad que se cernía, mi voz infantil, medio en susurro, medio cantando, a menudo se mezclaba con el viento de la pradera:

Me guía Él, me guía Él,
Con cuánto amor me guía Él;
No abrigo dudas ni temor,
Pues me conduce el buen Pastor.[2]

En aquellos momentos Dios parecía, no solamente real, sino cerca y personal, levantando mi ánimo y dando calor a mis lugares solitarios. Saboreaba esos sentimientos, algunas veces, durante días. Años más tarde suspiraba por su regreso. Porque en los años subsiguientes continué pateando piedras de dudas mientras avanzaba. Mi duda cambió de forma con el correr del tiempo, pero nunca desapareció por completo.

La incertidumbre de mi niñez dio paso al temor del adolescente de que nunca podría llegar a la medida de las normas de Dios, lo cual a su vez se alimentó con una búsqueda intelectual de estudiante universitario y la búsqueda espiritual del joven. Aun cuando decidí entrar en el ministerio e incluso fui misionero por un tiempo, a menudo me sentía como si fuera un fraude, debido a que no estaba seguro de haber adquirido lo que estaba «vendiendo». Durante una gran parte de mi vida me han perseguido sentimientos de culpa, desesperación y temor, todo esto brotando de estas dudas fundamentales.

De tiempo en tiempo he experimentado momentos especiales, cuando Dios parecía intensamente real, cuando casi podía sentir físicamente una «presencia». Pero aquellas experiencias especiales no duraban mucho tiempo, ni podían repetirse a voluntad. Algunas veces parecían como breves momentos de fe contra un fondo de duda perenne.

Pero no quiero dejarlo en estas cámaras sombrías y amenazadoras. Sí, he sido toda mi vida un dudoso por períodos. Pero la vida es diferente para mí ahora, inmensamente diferente a la de aquellos dolorosos días.

Y no, las dudas no han desaparecido por completo. Es más, algunas veces todavía afloran espesas y vertiginosas, desde direcciones inesperadas y con formidable poder, presentando nuevos perfiles sor-

2 Joseph H. Gilmore, «Me guía Él», traducción al castellano de Epigmenio Velasco, 1834-1918.

prendentes. Pero ahora veo mis dudas de forma diferente y no me atormentan como solían hacerlo.

Todavía no he llegado. En realidad no espero llegar. Pero esto es bueno, debido a que he aprendido que hallar la fe no es tanto buscar un lugar donde estacionarse como descubrir un camino tortuoso... y yo *estoy* en el camino. Como creyente que arregla cuentas con las dudas, he decidido seguir el sendero de la fe (a pesar de unas cuantas piedras en el camino), confiando cada día en la mejor luz que tengo. No tengo ninguna intención de retroceder.

Las muchas facetas de la duda

Tal vez usted se identifica de alguna manera con mi peregrinaje. Incluso ahora mismo quizás deambule en algún bosque sombrío de duda, preguntándose si Dios realmente está en alguna parte. Me he encontrado con muchos viajeros en estos lugares sombríos.

Un peregrino era un ejecutivo de negocios, acostumbrado a que sus órdenes se cumplieran al instante. Sus dudas se multiplicaron cuando se enfrentó a lo que parecía ser el silencio de Dios. Bramaba: «Si yo fuera Dios, le mostraría a la gente quién es el que manda».

Ese hombre podía bien haber sido el niñito de las caricaturas, arrodillado junto a su cama, orando ante el Todopoderoso con la paciencia casi agotada: «La tía Estela sigue sin casarse. El tío Humberto no tiene trabajo. El cabello de papá sigue cayéndose. Ya estoy cansado de orar por esta familia sin conseguir ningún resultado».[3]

Este silencio en el cielo, esta espera para que ocurra algo que nunca sucede, puede ser muy serio. Usted pronto descubrirá que la vida con frecuencia está llena de esperas; y llena de gente triste o colérica que se pregunta el porqué. El vicio triunfa sobre la virtud, las cosas salen terriblemente mal, la gente buena se muere o sufre maltratos, los cielos no se abren para destruir al malo, la gente mala se ríe en la misma cara de Dios; el mundo sigue su marcha y nada cambia.

William Blake parece comprender el dolor de esta clase de dudas en su libro *The Marriage of Heaven and Hell* [El casamiento del cielo y el infierno]:

En las entrañas de la sinuosa caverna andamos a tientas por

3 J. Wallace Hamilton, *Who Goes There?* [¿Quién anda allí?], Revell, Westwood, NJ, 1958, p. 18.

> nuestro tedioso camino hasta que un vacío infinito como el cielo interminable aparece a nuestros pies, y nos aferramos a las raíces de los árboles y quedamos colgados sobre esta inmensidad, pero digo: «Si te place, nos entregamos a este vacío y veremos si la Providencia está también aquí».[4]

Nosotros, cuyas dudas se quedan contemplando el cielo silencioso o cuelgan sobre un vacío, a veces nos sorprendemos preguntándonos: «¿Hay realmente alguien allí?»

Pero entonces, tal vez ese no es de ninguna manera su problema.

Quizás piensa: «Sí, yo también dudo», pero no parece conectarse con mi relato, ni con el del ejecutivo impaciente, ni con Blake. Eso no sorprende. Incontables conversaciones a través de los años me han convencido de que la duda viene en muchas formas y tamaños, y que mi talla tal vez no le sirva a usted.

A lo mejor no es un ministro, por ejemplo, sino un presidente de alguna compañía o una ama de casa, o un agricultor, o un estudiante, un tenedor de libros o un médico. Quizás su disposición tampoco sea la misma que la mía. Y sus dudas tal vez tienen una sensación por completo diferente.

A lo mejor pueda relacionarse con Eric, cuyas dudas eran más como deambular por un paisaje seco y polvoriento que luchar en medio de un bosque oscuro.

Eric creció en una familia cristiana. Cristo se erguía en el centro del mundo de Eric durante sus años en la escuela secundaria. Después de graduarse de una prestigiosa universidad, Eric consiguió un trabajo como profesor en una escuela secundaria de primera clase. Pero ahora Eric estaba en medio de su carrera. Le encantaba su trabajo, pero las presiones del ambiente secular habían erosionado incansablemente muchos de sus sentimientos respecto a Dios. Y aun cuando seguía siendo activo en su iglesia, sentía que su fe poco a poco se iba deslizando cuesta abajo en la escala de relevancia.

La voz de Eric sonaba cansada, casi fría, al describir su reacción a la lectura pública de las Escrituras:

«Esa voz impersonal leyendo de la versión antigua de la Biblia sonaba muy irrelevante. Ni me conmovía ni me sentía abochornado.

4 William Blake, *The Marriage of Heaven and Hell*, University of Miami Press, Coral Gables, FL, 1963, p. 130.

Simplemente me parecía estrafalario. Lenguaje anticuado. Ideas que parecían desconectadas de cualquiera de las realidades que me rodeaban. Me parecía que esta voz mecánica trataba de conversar con una persona que llevo dentro y que ya está muerta. No significaba que hubiera decidido dejar de creer. Simplemente que de alguna manera la conexión no se lograba; ni me importaba».

Eric dijo que había empezado a sentir que la adoración era, por lo mejor, una rutina absurda. Se aburría con las mismas sendas trilladas que recorrían la religión y el argot que las acompañaba. Anhelaba que lo atrapara algún nuevo sabor porque, para él, «la tradición cristiana cruje debido a la sequedad y esterilidad. La cuestión entera de creer parece o bien mortalmente aburrida o imposible de conseguir muy bien... al menos para mí».

O quizás podría comprender mejor a Luisa. También Luisa se autollamaba «la que duda», pero sentía la duda en forma diferente a como la sentía Eric o yo. La duda de Luisa se entrelazaba con la culpa y el temor:

«Jaime y yo dormimos juntos por un tiempo antes de casarnos. Esto violaba reglas principales de ambos, pero las reglas parecían no importar entonces. Ahora llevamos cuatro años de casados y nos apabulla una inundación de culpa que interfiere con todo, ¡incluso con nuestra vida sexual! ¿Acaso nos está castigando Dios? Intelectualmente sé que Dios perdona, pero por tanto tiempo opté por darle las espaldas que, ¿cómo puede *aceptarme*? Es más, ni siquiera puedo recordar muchas de las cosas simples respecto a Jesús que sabía antes de dejar de ir a la iglesia. ¿Cómo puede Dios todavía quererme?»

Nuevamente estos ejemplos pueden parecer un poco extremos como para que usted se relacione con ellos. Tal vez nunca hubiera usado las palabras *estrafalario, absurdo, aburrido* o *imposible* para referirse a su tradición religiosa, y quizás tampoco se siente aplastado por la culpa debido a haberle dado las espaldas a Dios. A decir verdad, a lo mejor se preocupa profundamente por su fe; sólo que no parece dar resultados de la manera en que debería. Tal vez sus dudas se sienten más como una vaga insatisfacción o, para usar la frase de Phillip Yancey, está «desilusionado de Dios».[5] Usted hasta vacila llamarla incredulidad; pero sin embargo le fastidia y molesta.

5 Phillip Yancey, *Desilusión con Dios*, Editorial Vida, Deerfield Beach, FL, 1990.

«Durante muchos años he sido cristiana», confesaba Carmen, «y la iglesia es una parte muy importante en mi vida. Pero últimamente, no lo sé, he tenido un poco de problemas para mantener mi mente en Dios. Me siento en los cultos, pero mi mente se ausenta. Enseño en la Escuela Dominical, pero mayormente porque *alguien* tiene que hacerlo. He tratado de tener mi tiempo devocional en la mañana, pero sigo pensando en lo que Andrés me dijo anoche y lo que voy a comer para el almuerzo; o me quedo dormida. Sigo diciéndome que necesito ser más disciplinada. Pero también sigo preguntándome: "¿Se supone que la fe sea así de difícil?"»

Entonces quizás usted sea una de esas personas cuyas dudas surgen en la encrucijada del sufrimiento. Antes de crear un sentido de distanciamiento y desunión o desilusión, sus dudas tal vez se enfoquen en áreas agudas de dolor y levanten preguntas incisivas.

Sin duda, Débora tenía el derecho de hacer esta clase de preguntas. Dos años atrás Jaime se había marchado con una mujer mucho más joven y la había dejado sola para criar a sus tres hijos contando solamente con su salario como secretaria. A pesar de que Jaime aducía tener una nueva relación con el Espíritu Santo, le convenía olvidarse durante muchos meses del sostenimiento de sus hijos y los pagos de alimentación. Cuando la desesperación llevó a Débora a rogar la ayuda financiera de Jaime, él todo lo que hizo fue hacerle bromas respecto a su «débil fe». Ya hacía rato que Débora había agotado sus lágrimas. Su ira e impotencia la habían endurecido, dejando sólo un destello de dureza en sus ojos.

Me miró desde el otro lado de la mesa, pero de alguna manera percibí que contemplaba en realidad un horizonte distante, más allá de mi cabeza: «No me siento con muchos deseos de hablar con Dios en estos días. Francamente, por un tiempo no quería tener casi nada que ver con Él. Ah, no voy a darme por vencida, pero Lynn, ¿podría decirme dónde está Dios en todo esto? No tengo la menor idea».

También comprendo las dudas de Miguel. Él y Susana estaban encantados en sus nuevos trabajos y buenos salarios. Hace tres años compraron una casa nueva. Su hijo de cuatro años iluminaba sus vidas.

Luego vinieron las noticias del segundo embarazo de Susana y la familia se alegró. Pero cuando Miguel vino a mi oficina cuatro meses más tarde, su mentón casi se arrastraba por el piso. Hubo complicaciones con el embarazo. El médico prescribió que Susana se quedara en cama, lo cual puso término a sus ingresos. Las cuentas médicas se amontonaban. Y la compañía donde trabajaba Miguel, vapuleada seriamente por la recesión económica, estaba haciendo severos recortes. A Miguel lo trasladaron a un departamento diferente, su salario se redujo casi a la mitad y se cernía la posibilidad de que bien podía quedarse sin trabajo.

El bebé nació prematuramente y pasó seis semanas demasiado costosas en el hospital. Entonces hubo algún problema con el seguro médico de Miguel y Susana, y descubrieron que la póliza no cubría al bebé. Miguel y Susana nunca se habían atrasado en ningún pago en sus vidas, pero de súbito no podían ni siquiera hacer los pagos de la casa, mucho menos pagar las elevadísimas cuentas médicas. Perdieron su casa y su crédito. Cuando sonaba el timbre, Miguel y Susana se escondían, por temor a los cobradores. La presión creciente comenzaba a amenazar su matrimonio.

«Hace año y medio», me dijo Miguel, «me sentía como nunca antes más entusiasmado con respecto a Dios. Ahora, ni siquiera sé si Él está en alguna parte. Si lo está, de seguro que ni le importo. O si en verdad se preocupa por mí, parece que no puede hacer nada.

»Lynn, ¿qué hace usted cuando se le agota la fe?», me preguntó Miguel con tristeza.

«¡Anhelo realmente creer!»

Esa pregunta, en resumidas cuentas, fue lo que me retó a escribir este libro.

¿Qué *hace* cuando se le agota la fe?

O, más al grano, ¿qué hace cuando *quiere* una fe fuerte, confiada, vital, pero por una razón u otra simplemente parece no poder encontrarla?

¿Qué puede tal vez ser más desconcertante que anhelar genuinamente la fe, pero hallar que siempre esta lo elude? O sentir que su fe en Dios ya no se conecta más con su vida diaria.

Independientemente de la forma que adopte su duda, o la razón por la que venga, esta puede torpedear su paz mental. Su confianza en Dios puede escapar de su creencia hasta que su fe se desinfla. Usted puede continuar siguiendo las mismas formas religiosas, pero en realidad no parece vivirlas. Por consiguiente, cualquier fe que le haya quedado parece sólo una experiencia religiosa de segunda mano. (Como muchos otros cristianos y yo lo hemos descubierto, es posible saber todas las respuestas consabidas, practicar todos los movimientos de la religión y, sin embargo, sentir «que la fe se ha agotado».)

Si usted no puede ponerse en contacto con Dios; si pierde la capacidad de confiar en Alguien más grande que todo esto, la vida se torna blanda como mínimo e insoportable como máximo. Los seres humanos *necesitamos* fe: para darnos fuerza, valor, esperanza, color y significado. Como Querea dice, en la obra *Calígula*, de Albert Camus.

> Perder la vida de uno es una cosa pequeña y tendré el valor cuando sea necesario. Pero ver que se disipa el sentido de la vida, ver que desaparece la razón de nuestra existencia; esto sí es insoportable. Un hombre no puede vivir sin una razón.[6]

Todos suspiramos por saber que nuestras vidas tienen significado, que hay en realidad un propósito para nuestra existencia. Tal vez por esta razón he hallado que la mayoría que todavía habla de sus dudas, muy en sus adentros realmente quieren creer. No puedo recordar a nadie que haya dicho: «Quiero no creer», o «No quiero creer». Parece haber un «deseo» universal para tener fe. Cada uno a su manera se parece mucho a Ketar: «Creo, pero ayuda...»

Para mí esta es una distinción crucial. Estoy convencido de que el que duda es muy diferente al que es un incrédulo. Los incrédulos son los que han optado consciente o inconscientemente no tener fe. Los que dudan, por otro lado, tal vez no estén seguros de que tienen verdadera fe. Hasta pueden desear nunca haber creído; o a lo mejor no saben exactamente qué creer. Pero incluso cuando no lo reconocen, todavía *quieren* tener fe.

Antes de que usted invierta su tiempo en leer lo que resta del libro, quizás desee hacer una pausa y preguntarse: «¿Qué *quiero* en realidad? ¿Anhelo más fe de la que tengo? ¿O estoy realmente buscando una manera de librarme de mis sentimientos de una fe vaga? ¿Qué es lo que considero importante para mí?»

Si su respuesta es: «Creo, pero ayuda mi incredulidad», siga leyendo.

6 Albert Camus, *Calígula*, citado por William C. Kerley, «Finding Faith Again» [Hallando de nuevo la fe], *Mission*, noviembre de 1972, p. 6.

Usted no está solo

Sobre todo espero que este libro le convenza que, cualquiera que sea su experiencia con la duda, no está solo.

Me he tomado el tiempo para relatarle mi historia y la historia de otros, para que pueda oír una variedad de experiencias y tal vez se relacione a una de ellas. Espero haberle ayudado a conectarse con los sentimientos y sensaciones y experiencias de otros que dudan.

Muchos que solos han «andado a tientas por esta sinuosa caverna» durante años, nunca han oído a nadie hablar respecto a tales cosas. Cada uno teme ser el único en el mundo que piensa tales cosas impensables y experimenta sentimientos tan extraños.

Así me sentía yo. Durante años, a través de esos períodos oscuros, solitarios y atemorizantes de mi fe en desarrollo, no tenía ni la más ligera idea de que muchos otros estaban también en mi infierno privado. Convencido de la discusión de que tales cosas estaba definitivamente fuera de los límites, me aterrorizaba de que de alguna manera mis verdaderos sentimientos pudieran aflorar y arruinarme. De seguro que ser tan diferente de las personas en las cuales confiaba y a quienes quería, debía o bien estar enfermo o ser malo, o ambas cosas.

Es paradójico, pero estaba inmovilizado por el temor de que otros creyentes profesantes, muy adentro, eran iguales a mí y por consiguiente no se podía confiar en ellos. No es de sorprenderse que me sentía solo en mi universo.

La niebla empezó a levantarse cuando descubrí que era bueno hablar acerca de las dudas. Poco a poco aprendí que admitir las luchas de mi fe no empeoraban las dudas... como si al admitirlas, se convertían en realidad. En lugar de eso, al enfrentar las dudas de alguna manera nos da la posibilidad de una fe renovada. Ahora estoy convencido, como Os Guinness dice, que «la vergüenza no es que la gente tenga dudas, sino que se avergüence de ellas».[7]

También he hallado que admitir mis dudas me ha hecho conocer a más compañeros de lucha de los que jamás soñé que existieran. En años recientes he empezado a hablar respecto a estos sentimientos; furtiva, privada, al principio en secreto, luego más abiertamente y

7 Os Guiness, *In Two Minds* [En dos mentes], InterVarsity Press, Downers Grove, IL, 1976, p. 61.

por último en público a millares de personas. Y cada vez que hablo sobre este tema, en la puerta me espera un aluvión de personas compañeras de dudas, y luego me persiguen durante semanas con cartas y llamadas telefónicas.

Como yo, multitudes andan solos en las sombras, temiendo ser «diferentes». Y se sienten profundamente aliviados al saber que no están solos en su lucha, que otros se sienten de la misma manera que ellos y que la duda no es el tiro de gracia de la fe. Oro que este libro le traiga esa clase de alivio y estímulo... y entonces le provea de alguna ayuda práctica para lograr que su fe se levante del suelo.

Un vistazo más adelante en el camino

Entonces, este libro es para usted

- si alguna vez se ha preguntado sobre la genuinidad de su fe,
- si lucha con la duda, bien sea en forma de preguntas silenciosas, llenas de ansiedad o triviales,
- si lo que cree no parece conectarse con su vida,
- si admira la fe de los que le rodean, pero algunas veces se pregunta si vale la pena esforzarse.

Si, al igual que Ketar, cree, pero todavía necesita ayuda en su incredulidad, anímese. Hay camino de regreso a la fe.

Ya hemos visto algunas de las muchas formas que puede adoptar la duda. Luego consideraremos algunos de los factores que pueden moldear su experiencia con la duda. Cerraremos algunos callejones sin salida que parecen llevar a muchos buscadores en direcciones desilusionantes. Luego aguzaremos nuestra definición de fe de modo que sabremos qué buscamos al andar por el camino. Marcaremos las etapas de desarrollo de la jornada de la fe de modo que pueda percibir su propio progreso.

La médula de este libro le sugerirá cinco pasos claros a darse para lograr empezar su jornada de fe o empezarla de nuevo si ha vacilado. El libro no terminará guiándonos a un lugar de estacionamiento, a algún punto de llegada, sino llamándonos a la revelación del misterio y al excitante camino que atraviesa lo más recóndito de la fe.

Empecemos nuestra jornada, entonces, mirando alguna de las razones por las cuales la fe se desinfla...

2

Rastrear sus huellas

Transcurría marzo de 1947. Iba de la escuela a casa. A pesar de que la nieve caía más duro que nunca de lo que antes había visto en mis once años, caminaba en medio de la ventisca con confianza.

Después de todos estos años, aún me asombra cuán súbita y completamente perdí el sendero... y lo que me costó volver a encontrarlo.

Durante toda la mañana los cielos se fueron enfureciendo cada vez más, la temperatura fue descendiendo y el viento aumentando. Al comenzar a caer la tarde, los padres se apresuraban tratando de tomarle la delantera a la tormenta y recoger a sus hijos de la escuela. Pero papá había llevado a mamá a un hospital muy distante; no podía venir a buscarnos a mi hermanita menor y a mí. De modo que nos dirigimos caminando a casa, guiados por las cercas a lo largo del camino y las huellas de los trineos sobre la nieve.

Al llegar a la casa de nuestro vecino más cercano, como a kilómetro y medio de nuestra casa, la luz del día estaba desapareciendo y la tormenta soplaba con toda su furia, reduciendo la visibilidad casi a cero. Debía haberme quedado para pasar allí la noche. Pero temiendo que mi papá hubiera regresado a casa y estuviera preocupado por nosotros, dejé a mi hermana en la casa de los vecinos y me dirigí cruzando el potrero, solo, confiado que podía seguir las huellas de los trineos hasta la puerta de nuestra casa.

Al principio, las huellas eran claras y fáciles de seguir. Pero pronto pude rastrearlas sólo con gran dificultad, agachándome y observando casi directamente frente a las puntas de mis zapatos. Algunas veces la nieve arrastrada por el viento borraba por completo las huellas a través de varios metros. Al llegar al extremo de un potrero, comprendí de súbito que había perdido el camino. Luchando contra el pánico, tracé mi plan como papá me había enseñado. Debía conservar el viento a mis espaldas y en pocos minutos de seguro llegaría a alguna parte de la cerca del potrero. Entonces simplemente podía seguir la cerca hasta la puerta de entrada y volver al sendero. Pero el viento cambiaba continuamente, y yo deambulé en medio de la oscuridad y el viento que rugía por lo que me parecieron horas.

Por último, casi cerca de caer exhausto, llegué a una cerca, luego hallé la puerta, recobré el rastro, vi las luces de una casa... Pero en lugar de llegar a mi casa, me hallé de nuevo donde había empezado, ¡en la casa de nuestro vecino!

¿Dónde me equivoqué? Tenía mucha confianza. ¿Cómo y dónde perdí mi sendero?

Diana «perdió su camino» y su confianza a la vez. Ella también se preguntaba cuándo y cómo había abandonado el camino.

«Simplemente no lo entiendo», musitaba. «Hace tres años mi fe era lo más importante en mi vida. Ahora sigo activa en la iglesia, pero casi siempre prefiero estar en algún otro lugar. En casa continúo encontrando excusas para no observar mi devocional y la oración me parece como si me hablara yo misma.

»He dejado entrever algunos indicios de mis dudas a varios de mis amigos cristianos, sólo para ver si se sienten de la misma manera. Pero nada de lo que digo parece conectarse; es obvio que no tienen el mismo problema.

»¿Qué fue lo que salió mal?», me preguntó Diana. «¿De dónde vienen todas estas dudas?»

¿Cómo llega cualquiera de nosotros, especialmente los que en realidad hemos anhelado a Dios, al punto en que nos fastidian las dudas? ¿Qué factores en nuestras vidas nos hacen cuestionar la presencia de Dios, o su amor, o su relevancia, o hasta *su misma existencia*? ¿Y qué circunstancias influyen de forma particular en nuestras dudas?

Los seres humanos somos criaturas complejas y misteriosas. De modo que es muy probable que jamás descubriremos completamente todas las respuestas a tales preguntas. Y quizás no sea necesario. Usted no necesita retroceder y rastrear de nuevo todo su camino para volver a avanzar por el camino de la fe. Y sin embargo, alguna comprensión de los factores que contribuyen a su experiencia particular de duda pueden ser muy útiles para volver a lograr que su fe vuelva al camino. Lo siguiente es el porqué:

Primero, lo que está experimentando tal vez no sea duda al fin y al cabo. Siempre hay la posibilidad de que su problema sea emocional o físico, o incluso del medio ambiente antes que espiritual; o que los factores de su pasado estén haciéndole colgar el rótulo de duda en donde no le pertenece.

Segundo, aun si su duda es real, cierto equipaje de su jornada pasada puede ser un lastre que estorbe su progreso hacia la fe.

Tercero, escoger la manera para lidiar con su duda puede depender del punto de donde procede la duda. Algunas veces es mejor batallar activamente con sus preguntas y otras tiene más sentido «quedarse quieto» por un tiempo y prestar atención a otras áreas de su vida. Usted puede estar en gran necesidad de apoyo y nutrición espiritual, o a lo mejor necesita más ejercicio, comidas regulares, o una sesión o dos con un consejero. Incluso, una comprensión elemental de los factores que moldean su duda puede ayudarle a manejar más sabiamente sus dudas.

Con esto en mente, entonces, miremos brevemente algunas de las circunstancias que puede moldear su duda:

Las dudas y su temperamento

Algunas personas, para empezar, parecen tener la duda integral en su ser. Soy una de esas personas; lo que llamo un «dudoso congénito».

Usted se pregunta: ¿qué es un dudoso congénito? Entonces a lo mejor no es uno de ellos (aun cuando quizás conozca a varios). Somos el muchacho de doce años pateando piedras por el camino, preguntándose si realmente hay un Dios; recelosos porque a lo mejor hay alguien oyendo nuestras oraciones, preguntándose por qué Dios nunca nos habla, y qué tal si... qué tal si... qué tal si. Somos los adultos acosados por «la incertidumbre existencial» —un sentido fundamental de incertidumbre acerca de las cosas básicas de la existencia— y tendemos a ser víctimas de la plaga de preguntas inquietantes que no pueden barrerse debajo de la alfombra.

No queremos parecer odiosos, ni tampoco queremos ser rebeldes ni irreverentes. Muchos, en verdad, anhelamos ser libres de las dudas. Envidiamos a aquellos que parecen ser «creyentes congénitos», para quienes la fe simplemente parece venir de forma natural. Hasta envidiamos a los que se sienten *fuera de contacto* con Dios, *ignorados* por Él o incluso se sienten en *rebelión* contra Dios; porque al menos no parecen dudar de su *existencia*; simplemente dudan del interés de Dios por ustedes, o su capacidad para conectarse con Él.

Nosotros, los dudosos congénitos, por otro lado, a menudo tenemos problemas para creer que Él siquiera está en alguna parte. Y estas dudas se enraízan profundamente en nuestra personalidad. Los expertos tal vez estén en desacuerdo respecto a de dónde proceden estas dudas, ¡pero *sentimos* como si hubiéramos nacido con ellas!

Como hemos visto, la duda puede atacar desde diversos ángulos... y ataca a quienes no son dudosos naturales con tanto dolor como nos ataca a los que somos «de tipo dudoso». Sospecho, en verdad, que las razones por las cuales la fe se desinfla son tantas como los seres humanos que experimentan la duda.

Es posible, por ejemplo, que la duda (o la fe, para el caso) se sienta o parezca diferente a un tipo de disposición o personalidad de lo que le parece a otro.

Oímos mucho en la sicología popular de nuestros días respecto a los temperamentos o tipos innatos de personalidad. (Estos están en realidad basados en los «cuatro humores» descritos por el médico griego Galeno, quien vivió alrededor del 200 a.C.) Las personas con distintos temperamentos perciben la realidad en forma diferente. Tal vez dudan de la realidad también de forma diferente.

Por lo general, a uno de esos temperamento se le llama «sanguíneo», literalmente, «de la sangre». Tal vez usted es así: apasionado, anhelante, optimista, extrovertido y alegre. Una persona con este temperamento puede creer fácilmente en un nivel emocional. Pero cuando la fe exige «andar con trabajo a través de lo insípido», cuando la presencia de Dios no puede «experimentarse» de forma emocional, la personalidad sanguínea puede pronto quedar vulnerable a la duda.

Galeno llamó «flemático» al temperamento calmado, lento, amante de la paz y relativamente sin emociones. Las personas con este temperamento tal vez deseen y esperen muy poco color, drama o emoción con su fe. Más bien, «San Flemático» puede aferrarse a las promesas tales como: «Justificados, pues, por la fe, tenemos paz». Pero cuando las aguas se ponen turbulentas o la vida se vuelve caótica, se inquieta, o tal vez empieza a preguntar: «¿Dónde está Dios?»

Al tercer temperamento se le llama «colérico»; se aplica al tipo de persona impetuosa, «que quiere que las cosas se hagan». Quizás la fe es más fácil para los coléricos cuando Dios hace las cosas a la manera del colérico. Pero cuando Dios cambia los planes del colérico o le produce inconvenientes, el colérico fácilmente duda de la bondad e incluso tal vez hasta de la existencia de Dios.

El cuarto temperamento es el «melancólico». Los melancólicos tienden a ser analíticos, exigentes, contemplativos, artísticos y temperamentales. Esta disposición puede ser la del clásico «pateador de piedras». Los melancólicos tienen a abordar la fe en forma abstracta, reflexiva. Anhelan la clase de fe que llena el vacío filosófico y calma la ansiedad inquieta. Este temperamento continuamente explora el reverso de la fe, buscando cohesión intelectual y significados ocultos. Los melancólicos tienden a denigrar la fe sin examinar; son del tipo que siempre pregunta: «¿Por qué?»

Quizás, las personas con temperamento melancólico también hallan difícil separar la *depresión* crónica de la duda crónica. Y esto nos lleva a otra influencia más que puede dar forma a nuestras dudas...

La duda y sus altibajos

La fe no necesariamente lleva una sonrisa efervescente. A decir verdad, «la cosa real» algunas veces viene en cilicio y ceniza, cubierta con cicatrices, bañada en lágrimas. Uno no necesita estar siempre «arriba» para tener fe. Pero, y aquí está el punto crítico, algunos tenemos problemas para creerlo.

Tengo la tendencia a ser emocionalmente variable; pretender algo distinto sería tan falso como una promesa de campaña. Por consiguiente, me confunden con facilidad los cambios de humor, y todavía tengo mucho que aprender respecto a cómo separar los altibajos emocionales y físicos de las realidades del bienestar espiritual.

A veces atravieso largos períodos áridos de semidepresión, anhelando experimentar algo de «religión verdadera». Lamento junto con el salmista David: «¿Hasta cuándo, Señor, hasta cuándo?», pero por lo general persisto en avanzar trabajosamente a través de estas soledades, preguntándome si alguna vez volveré a sentir algo lo bastante profundo como para llorar o reír.

A veces asocio esos ciclos bajos emocionales a ritmo de uno a uno como la falta de fe. A decir verdad, sin embargo, con frecuencia resultan de algo muy simple: fatiga, bajo nivel de azúcar en la sangre, una tarea mal hecha, un criticón que hostiga... ¡o una infección en la próstata!

Entonces, cuando me abro paso por una temporada de vitalidad física, viveza emocional y pensamiento positivo, tiendo a pensar que esto es cuando mi fe es fuerte y que estoy con toda certeza corriendo en el carril espiritual de alta velocidad. La única falla en estas ocasiones gloriosas es el temor a perderlas.

Como resultado de igualar los altibajos emocionales con la fe, a menudo me encuentro ascendiendo a las alturas, descendiendo a los abismos e inventando técnicas que me «eleven» de nuevo. En realidad, estas alzas tal vez no sean «tiempos de refrigerio de la presencia del Señor», de ninguna manera, sino que pueden ser sólo el resultado de cosas simples tales como una buena noche de descanso, algún ejercicio regular, un proyecto que «resultó bien», un par de cartas de estímulo y encomio... ¡y de algún antibiótico para la próstata!

De modo que el prolongado vistazo me ha ayudado a poner en perspectiva mis cambios de disposición, y a identificarlos por lo que casi siempre son: cambios de humor. Vienen y se van, algunas veces con ritmo predecible y en otras vertiginosamente sorprendentes; son muy normales y por lo general temporales. ¡En realidad tienen muy poco que ver con la vivacidad de mi fe! De modo que algunas veces la manera de lidiar con las «dudas» es simplemente esperar, orar y luego desconectarse; ¡o pasar un par de días en el lago!

Aun cuando mis emociones oscilen como bandera en un asta, estoy aprendiendo a confiar que Dios no se mueve. Él es el mismo ayer, y hoy, y por los siglos. Él prometió: «No te dejaré ni te desampararé». Con frecuencia Él hace su más grande obra cuando nos sentimos más abatidos. Los picos de las montañas son emocionantes, pero el delgado suelo de la cima ni siquiera se acerca al grado de nutrición para el fruto espiritual como el humus oscuro y rico de los valles.

Si aprendo a distinguir mis cambios de temperamento de mis dudas, puedo concentrarme en aprender las lecciones que Dios tiene para enseñarme. No siempre es fácil hacer esta distinción, pero recuerde que no siempre tengo que estar «arriba» para tener una fe que sea de una gran ayuda.

Las dudas y las temporadas de su vida

Los cambios de humor no son los únicos altibajos que las personas experimentan en el transcurso de sus vidas. Todos atravesamos también los «ciclos de la vida» o «temporadas de la vida» normales durante largos períodos y estos puntos de cambio predecible producen fluctuaciones que pueden afectar profundamente nuestros sentimientos de fe/duda.

Tal vez el cambio más obvio de estos ocurre en la adolescencia, cuando las transformaciones físicas profundas y los desafíos principales del desarrollo pueden incitarnos a cuestionar todo aquello en lo cual hemos creído. Pero la adolescencia dista mucho del último cambio en la vida que puede afectar su fe.

En una carpa de circo los espectadores observan las grandes pistas circulares en el centro, no las entradas ni las salidas. Sin embargo, hasta hace pocos años, en el estudio de la vida hemos observado más el desarrollo del niño y de la ancianidad que los principales hechos a mediados de la vida adulta.[1] Un bien conocido proverbio ha resumido esta actitud prevalente: «Los niños cambian, pero los adultos simplemente envejecen».

En estos días, sin embargo, nos damos cuenta de que los adultos atraviesan etapas predecibles de desarrollo, del mismo modo que los niños y los adolescentes. Estas etapas de desarrollo pueden impactar también los ciclos de nuestra duda/fe. La fe puede sentirse diferente y la duda puede cambiar de apariencia con las temporadas cambiantes de la vida.

En mi observación, la experiencia de los ciclos de la vida adulta pueden ser semejantes a una langosta de mar que cambia su caparazón. Las langostas atraviesan varias veces el trauma de perder su viejo caparazón, quedando vulnerables y sensibles por un tiempo, luego endureciéndose y formando un nuevo caparazón. Nosotros, también, atravesamos períodos sucesivos de vulnerabilidad y cada uno nos deja expuestos a las dudas.

A principios de la edad adulta, por ejemplo, muchos perdemos nuestra inocencia. Empezamos una vida de trabajo, tal vez nos casamos, fijamos metas para nuestra carrera. Y luego tenemos la tendencia a sentirnos confundidos porque descubrimos que simplemente realizar un buen trabajo no garantiza el éxito... y el matrimonio no siempre es una bendición... y que hay más de una manera «correcta» de abordar un problema. A medida que perdemos nuestras ilusiones e inocencia, empieza a levantarse la razón de que podemos empezar a preguntarnos si la fe no será también una ilusión o al menos radicalmente diferente de lo que pensábamos que debía ser.

1 Bernice Neugarten, citado por Richard P. Olson, «Mid-Life: A Time to Discover, a Time to Decide» [La mitad de la vida: Tiempo de descubrir, tiempo de decidir], Judson, Valley Forge, PA, 1980, p. 19.

Poco a poco, sin embargo, nuestro «caparazón» empieza a crecer. La mayoría nos establecemos y formamos nuestros hogares, edificamos relaciones íntimas y círculos de relaciones. Echamos raíces, nos ubicamos en alguna posición y nos concentramos en ascender la montaña del éxito.

En ese punto, por lo general a mediados de los treinta años, muchos llegamos a otro período de vulnerabilidad. No es el torbellino de la adolescencia. No son las grandes preguntas de los años veinte, ni las tormentas de la mitad de la vida, simplemente nos agobiamos por la complejidad de nuestras vidas. Subimos más la montaña, sólo para descubrir que hay otra montaña y luego otra más. Alteramos nuestros sueños y hacemos compromisos. El estrés empieza a erosionar la intimidad de nuestras relaciones.

Durante estos años simplemente arrinconamos la fe a las márgenes de la vida. O algunas veces, en la forma de actividad religiosa institucional, se vuelve parte del ajetreo y la presión. La participación en las organizaciones religiosas sustituye una relación personal con Dios; el resultado es menos confianza y más estrés. ¡No es de asombrarse que muchos creyentes tengan dudas en sus años treinta!

Al llegar a la mediana edad casi siempre «perdemos otro caparazón». Con frecuencia disparado por problemas: un fracaso en los negocios, problemas en el matrimonio, preocupaciones por los hijos, una carrera en un callejón sin salida o un problema de salud. La turbulencia de la mediana edad algunas veces escala hasta el punto de crisis. Y como una segunda adolescencia, la mediana edad puede traer cambios corporales, cambios de humor, inseguridad social y preguntas en cuanto a la identidad.

Con frecuencia, hombres y mujeres de la mediana edad se sienten rodeados de enemigos. Los empleos se vuelven más complejos cuando el interés en ellos parece ir declinando. La familia cuesta más y parece estar cada vez menos y menos alrededor. La autocompasión se agazapa por allí cerca, y es fácil echarle la culpa a Dios de lo que está ocurriendo. La fe bíblica puede verse en peligro o incluso abandonada. Sin embargo, la mayoría de los creyentes finalmente se recuperan y atraviesan esta turbulencia para pasar a los remansos apacibles de la segunda parte de la mediana edad.

Una década más tarde, o algo así, la vida a menudo nos empuja a preguntar: «¿No hay nada más?» Enfrentamos las tres grandes «D»: declinación, depresión y deceso. Cuando el tiempo se va acabando, nuestra fe puede enfrentar su más grande prueba como la realidad suprema organizadora y estabilizadora. Algunos en esta etapa confiesan el temor de que para nada han creído durante todos estos años. Sin embargo, otros hallan que su fe es más fuerte que nunca, aunque con menos experiencia y orientada a la causa. La fe en los años postreros es con frecuencia más quieta, más profunda y con más hechos que en las décadas anteriores.

La duda y su doloroso pasado

No todas las dudas se relacionan a sus altibajos normales y ciclos generacionales de la vida, por supuesto. Muchas son más personales y brotan de la experiencia individual. Los sucesos únicos que forman nuestra vida personal, moldean nuestra fe personal (así como nuestras dudas) igualmente.

Algunas dudas pueden trazarse a capítulos dolorosos en la historia emocional del luchador. María, por ejemplo, atravesó una docena de hogares prestados después que sus padres la abandonaron. Piensa que no puede confiar en nadie, ni siquiera en Dios.

Y luego allí está Carlos, quien adoraba a su ministro de jóvenes y a sus padres hasta que su mamá se enredó amorosamente con dicho ministro y dejó a su papá. Carlos dice: «Mis endebles sentimientos de fe no tenían ni la menor posibilidad en contra de la ira que sentí en contra de cualquier cosa que oliera a religión».

A Raquel su familia la ultrajó emocionalmente y la humilló durante años. Ahora su autoestima se arrastra por los suelos. Se siente que nunca será digna de Dios, de modo que: «¿De qué sirve?» Trata de dejar a Dios fuera de su realidad.

Susana creció en una familia muy religiosa que constantemente reñía y se quejaba. Cada domingo después del cultos almorzaba predicador hervido, ministro de jóvenes a la parrilla, líder de adoración frito y ancianos amargamente rostisados. Cuando Susana cumplió los dieciocho años, la fe le dejaba un terrible sabor en su boca. «Si eso es lo que Dios le hace a la gente, ¿quién lo necesita?»

Quizás el impedimento más común en la fe que se desborda de las historias emocionales de los que dudan se relaciona con el maltrato de los padres. Es por esto que muchos inclinan su cabeza para orar y luego se atragantan con la frase: «Padre nuestro». La vida ha impregnado a esa frase de una carga de equipaje emocional negativo.

El padre de Daisy era a la vez abusador y distante. Su madre era tierna y cariñosa, pero se adhería compulsivamente a una perspectiva autoritaria de la religión. No es de asombrarse que Daisy algunas veces tiene dificultades para hacer una separación entre lo que es Dios, su madre o su padre.

«Cuando no quiero creer», dice ella, «la incredulidad se siente como libertad de las reglas de Dios. Tengo demasiadas reglas mías propias». Pero Daisy lucha por contener las lágrimas mientras reflexiona. «Cuando quiero creer, es porque las cosas pudieran ser más fáciles. Menos riñas con mi religioso marido. Tal vez pudiera tener un poco más de paz. Y sería fantástico si hubiera algo por allí, lo bastante grande y poderoso como para cuidarme; alguien que sea positivo y cariñoso como una madre».

Entonces la voz de Daisy cobra un tono gélido al declarar: «Si hay un Dios, Dios es una madre. Las madres se interesan en uno. El Dios de la Biblia es cruel, como un papá. Un egomaníaco que quiere que le adoremos y nos inclinemos ante Él y que saltemos a su menor capricho o llamada. No me gusta Dios. No puedo verle que quiera nada bueno para nadie».

Las dudas y sus tiempos de crisis

Sí, las cicatrices de muy adentro en las secretas cavernas de nuestra historia emocional, viniendo en todas formas y tamaños, pueden aflorar disfrazadas de dudas. Pero los puntos de presión y los sucesos de crisis pueden también afectar más directamente a las dudas, incluso en las personas con historia emocional saludable. No es raro que una crisis o una serie de crisis (pérdida de un trabajo, enfermedad, aflicción), nos empuje a dudar o incremente las molestas dudas a niveles peligrosos. (Es por eso, precisamente, que las malas experiencias con frecuencia se las llama «pruebas de la fe».)

Daniel pudiera habernos hablado a muchos de nosotros. Casi cincuenta personas nos apiñamos en la sala de Natán y Tamara para orar. Y vaya que oramos, fervorosamente y en voz alta. Por dentro, sin embargo, algunos abrigábamos los restos de una nube de duda. ¿Contestaría Dios nuestras oraciones y sanaría a Isabel?

Isabel tenía cinco años. Cuando tenía cuatro le extrajeron de su cuerpecito un tumor del tamaño de una toronja, sacándole a la vez uno de los riñones. Durante los meses que siguieron recibió grandes dosis de quimioterapia y por un buen tiempo le fue de maravillas. Los domingos por la mañana los rostros se iluminaban al ver a la niña y a sus amiguitas avanzar alegremente por los pasillos de nuestra iglesia para recoger las tarjetas de visitantes al final del culto.

Pero más adelante en esa misma semana los padres de Isabel, Geraldo y Alicia, recibieron las malas noticias. El tumor maligno había invadido los pulmones de la niña y se extendía rápidamente. Varias otras señales de peligro daban el pronóstico menos alentador. Los especialistas recomendaron medidas desesperadas: radiación experimental y quimioterapia.

Alicia y Geraldo sacaron a Isabelita del hospital para pasar un fin de semana en el lago antes de que empezaran los tratamientos. El abuelo y los tíos se unieron al resto de nosotros para orar.

Junto con la oración hubo lágrimas y abrazos. Después de un largo silencio Daniel, el tío de Isabel, empezó a orar: «Amante Padre celestial, ¿por qué nos haces esto? Somos una buena familia; hemos sido cristianos. Isabelita es la única nieta en esta familia y ella nos ha dado mucha alegría. La necesitamos para que nos traiga vida. Dios mío, no sé cuánto la necesitas, *¡pero nosotros la necesitamos más que tú!*»

Todos nos preguntábamos, como tantos otros se lo han preguntado en circunstancias similares, por qué Dios permitía cosas tales como el cáncer en niños inocentes. ¿Cuál sería la base para que Él conceda a algunas personas el don de la sanidad y a otros no? Nuestros corazones se partían por Geraldo y Alicia, preguntándonos cómo ellos, y nosotros, se sentirían si Dios, después de que habíamos orado con tanto fervor por algo que parecía tan obviamente correcto, no nos concedía nuestra petición de librar la vida de Isabelita.

Esta historia tiene aún un extremo abierto; todavía no sabemos si ella se librará. Pero las preguntas de Daniel, así como las nuestras, son las que fácilmente nos acosan como plaga en forma de dudas cuando nos enfrentamos a dificultades inexplicables.

¿Dónde está Dios... cuando una cosa así nos ocurre a nosotros o a nuestros seres queridos?

Tal vez esta clase de dolor yace detrás de la tan conocida duda del discípulo Tomás,[2] quien rehusó creer en la resurrección de Jesús hasta no ver con sus propios ojos al Señor resucitado. Es posible que

2 Juan 20.24-29.

Tomás haya tenido tendencias de «dudoso congénito» toda su vida, o por lo menos una corriente bajo la superficie de una duda fastidiosa. Pero sus dudas parecen que las empujaron hacia la superficie el choque sorpresivo y estrés subsiguiente del arresto, juicio y ejecución de Jesús.

¡Háblese de crisis serias en la vida! Las esperanzas de Tomás, sus sueños y su confianza de que estaba en el camino de la verdad, ¡se estrellaron y quemaron en apenas pocas horas! No es de asombrarse que Tomás parece haber perdido temporalmente su fe. ¡No sorprende que quería «pruebas»!

Y las crisis de la vida también pueden fácilmente producir «Tomases dudosos» en nuestros días. Tal vez usted se relacione con ellos.

Las dudas y el ritmo de nuestras vidas

Pero no son sólo los altibajos de nuestras vidas los que alimentan las dudas. Sospecho que el ritmo acelerado de la cultura contemporánea también tiene su parte sobre nuestra fe.

Desde los días de Tomás y de Ketar han habido siempre algunos creyentes plagados de dudas. Incluso en los siglos cuando los tiempos eran quietos y simples, muchos creyentes tenían dificultad para «oír a Dios». Durante mi juventud, incluso en tiempos más modernos, también avancé por un mundo más simple, más quieto y a un ritmo más cadencioso. No obstante, batallé con la duda y parecía que no podía oír palabra del cielo.

En nuestros días, sin embargo, la trama de la duda se agrava. Esto es, la velocidad, el secularismo y los niveles de ruido de las postrimerías del siglo veinte asaltan nuestros sentidos como un viento de ventisca y complican el problema de lidiar con la duda. En nuestra cultura acelerada, de altos decibeles, puede ser difícil discernir el «silbo apacible y delicado» de Dios, y es fácil preguntarse si acaso Él dice algo al fin y al cabo.

Una cosa que promueve significativamente la duda es *la sobrecarga cognoscitiva.* Los medios de comunicación masiva nos traen demasiado del mundo al mismo tiempo y a nuestra propia sala. Nos preocupamos por lo que vemos, oímos y olemos a nuestro alrededor. Muchos días nos sentimos, no tanto como bancos de los cuales la gente ha hecho retiros, sino más bien como latas de basura en las cuales todo el mundo ha echado algo.

Estamos hastiados hasta el cansancio de padres que ultrajan y maltratan a sus hijos, de criminales que violan y asesinan, de armamentismo militar y deuda nacional desbocada y pillos de camisa almidonada que conducen automóviles de lujo. Estamos hastiados de espectáculos religiosos y burocracia eclesiástica. Estamos hastiados de inhalar hollín, de oír los martillos neumáticos, de ver las banderitas de colores que adornan las gasolineras junto a un minimercado, junto a un lugar de expendio de pollo frito, junto a...

Bajo el impacto acumulativo de todo aquello a lo que estamos expuestos, no es de asombrarse que estemos emocionalmente azules y con una actitud de cinismo. Estamos recibiendo una paliza.

En esta clase de mundo, la fe no es un lujo; ¡es una necesidad! Pero en esta clase de mundo, la fe también puede ser difícil de encontrar.

En nuestra cultura la *sobreestimulación,* también, lucha en contra de la fe. Y lo queremos así. Insistimos en que de alguna forma los medios de comunicación masiva llenen cada segundo de nuestro tiempo. Esperamos que los titulares nos griten incluso cuando no haya nada que gritar. Con ansiedad soltamos nuestro dinero por películas que empiezan con la destrucción del mundo y luego escalan a algún clímax más excitante. Bombardeados con tal estruendo interno y externo, ¿cómo podremos alguna vez oír un silbo apacible y delicado? No hay mucho de valor que logre abrirse paso hasta nosotros y, lo que lo logra, realmente nunca penetra gran cosa.

Estamos aplastados por *demasiados compromisos*. Estamos tan apurados corriendo a responder mil llamadas: trabajo, familia, iglesia, eventos deportivos, cuestiones sociales, demandas cívicas, que no tenemos tiempo para reflexionar ni escuchar; además, estamos demasiado exhaustos. El activismo, sin que importe cuán bien intencionado sea, deja la vida superficial. También puede dejarnos con una fe que parece medir kilómetro y medio de ancho, pero que no tiene ni siquiera dos centímetros de profundidad.

Por último, vivimos en una sociedad altamente *secularizada:* dominada por presuposiciones materialistas y utilitarias. Aun cuando hay encuestas que nos dicen que Dios continúa siendo importante para el noventa y cinco por ciento de los norteamericanos,[3] los centros

3 «God and the American People: 95% Today Are "Believers"», *PRRC Emerging Trends,* [«Dios y el

nerviosos de poderosa influencia tales como los medios de comunicación masiva, el establecimiento educacional y la infraestructura política a menudo tratan las cuestiones de la fe como anticuadas, por debajo de la dignidad de las personas iluminadas o crasamente irrelevantes. Y el que usted vea esta tendencia como un deslizamiento peligroso hacia la inmoralidad, o una saludable separación entre la iglesia y el estado, un resultado de fondo es que la fe ha perdido la sanción de la sociedad. En lugar de la fe, el escepticismo es el modo dominante de pensamiento... y la duda florece en tal atmósfera.

La duda y el mundo invisible

Todos los factores que hemos visto: el temperamento, los cambios de disposición, los ciclos de la vida, la historia pasada, las crisis presentes y el ambiente cultural, pueden ejercer presión sobre nuestra fe. Todos merecen consideración cuando examinamos la forma de nuestra duda.

Pero hay otra consideración, por supuesto. La duda tiene implicaciones espirituales reales.

¿Daño desde abajo?

La Biblia indica que la duda puede ser una señal de peligro espiritual. Estamos rodeados de fuerzas espirituales hostiles a la fe. Es más, la duda puede ser una herramienta del padre de la mentira: una tentación que amenaza separarnos de nuestra desesperadamente necesitada comunión con Dios.

Puesto de esa manera, alguna duda está relacionada íntimamente con la tentación y el pecado humanos. Pero eso no debería sorprendernos. Las Escrituras dicen que nosotros, los seres humanos, dejados a nuestros propios recursos, somos por definición pecadores y ciegos espirituales. Al fin y al cabo, ese es todo el punto de la venida de Cristo. Por eso es que necesitamos «ayuda en nuestra incredulidad».

¿Qué estoy diciendo? Simplemente que la exploración de los factores sicológicos, emocionales y hasta físicos que moldean nuestra duda no descartan la significación *espiritual* de la misma. Sí, los sen-

pueblo estadounidense: 95% hoy son "creyentes"», Tendencias emergentes PRRC], carta circular informativa publicada por el Centro de Investigación Religiosa de Princeton, volumen 7, Nº 6, junio de 1985, p. 1.

timientos de duda moldean nuestra constitución y nuestras historias personales, pero la duda no es un simple espasmo físico como el hipo; nadie más que el mismo Dios es una proyección de nuestras almas necesitadas.

La duda, en otras palabras, es seria. Vale la pena batallar con ella, incluso durante largos períodos, porque hay mucho en juego. Pero batallar con la duda no es sólo cuestión nuestra. Si queremos creer, *hallaremos* ayuda para nuestra incredulidad.

Es más, otras fuerzas espirituales, además del príncipe de las tinieblas, ¡pueden estar obrando también en nuestros sentimientos de duda! Piénselo...

Ayuda de arriba

Algunos se consideran dudosos en tiempos cuando los cielos están en silencio y realmente se preguntan si Dios estará allí. Él parece que está fuera de nuestro alcance. Henry Nouwen se refiere a esta experiencia como «la ausencia de Dios». A lo mejor todos los creyentes a veces se sienten de esta manera.

Sin embargo, algunas de estas ocasiones cuando Dios parece ausente, pueden en realidad ser la obra de su gracia. Al «retirar de nosotros un sentido de su presencia», Él puede estar al fin y al cabo refinando nuestra fe. Como dice Nouwen: «Su ausencia[...] se siente a menudo con tanta profundidad, que conduce a un nuevo sentido de su presencia. Esto se expresa poderosamente en el Salmo 22.1: "Dios mío, Dios mío, ¿por qué me has desamparado?"»[4]

Para ilustrarlo: Aun cuando quiero enormemente a Carolyn, mi esposa, con demasiada frecuencia la doy por sentado cuando estamos juntos. Muy rara vez me hallo reflexionando específicamente en sus rasgos y cualidades únicos. Pero cuando tengo que separarme de ella por varios días, con dolor la echo de menos y me sorprendo considerando detalles particulares de los cuales ni siquiera parecía percatarme cuando estábamos juntos. La memoria y la añoranza traen a la mente, tanto como contemplan de manera vívida, toda suerte de detalles respecto a ella: la manera en que camina o se para, el color de

4 Henri J. Nouwen, *Reaching Out* [Alcanzando], Doubleday, NY, 1957, p. 127.

sus ojos, la manera en que trata a las flores, el sonido de su risa, el toque de su piel. Su aroma o cómo se siente al tocarla. Cómo piensa.

En cierto sentido Carolyn está algunas veces en mi conciencia más por completo cuando está ausente que cuando está presente.

Tal vez cuando sentimos que Dios está ausente, Él, también, quizás esté en nuestros pensamientos conscientes de forma más completa y centrada que cuando damos por sentado que Él está muy cerca. De nuevo, para citar a Nouwen:

> El misterio de la presencia de Dios, por consiguiente, puede tocarse sólo por un profundo darse cuenta de su ausencia. Es en el mismo centro de nuestro anhelo ferviente por el Dios ausente que descubrimos sus huellas[...] Es en la paciente espera por el Amado que descubrimos cuánto Él ya ha llenado nuestras vidas. Así como el cariño de una madre por su hijo puede ahondarse más cuando el hijo está distante, los niños pueden aprender a apreciar a sus padres más cuando han dejado el hogar paterno; así como los que se quieren pueden redescubrirse el uno al otro durante largos períodos de ausencia, nuestra relación íntima con Dios puede profundizarse más y tornarse más madura mediante la purificadora experiencia de su ausencia.[5]

Tal vez, entonces, antes que ser ciclos de duda, estos períodos de «ausencia» de Dios tal vez sean en realidad visitaciones de la gracia durante las cuales podemos contemplarle de manera más específica y Él, paradójicamente, llega a ser aún más «presente».

El color de su duda

Pero bueno, ¿qué pasa con usted? ¿Puede reconocer fragmentos de usted mismo en alguna de las historias que he relatado aquí? ¿Es posible que su marca única de duda se relaciona a su temperamento básico, o a su etapa en particular de la vida, o a alguna experiencia negativa bien sea del pasado o del presente? ¿Puede ver la posibilidad de la gracia de Dios obrando en sus preguntas?

Las posibilidades existen, por supuesto, de que todos estos fac-

5 Nouwen, *Reaching Out*, p. 128.

tores: temperamento, historia, tentación espiritual y la gracia de Dios, moldeen su duda hasta cierto punto. Y hasta es probable que nunca logre descubrir completamente de dónde procede su duda.

Entonces, ¿qué puede hacer? ¿Cómo puede la fe en Dios renovarse y florecer mientras atraviesa las circunstancias que producen duda en su vida?

Siga leyendo; nos estamos acercando.

3

Callejones sin salida: Cómo no viene la fe

Una pintura clásica muestra a Jesús llamando a una puerta sin picaporte. Es obvio que el artista quería decir: «Sólo podemos abrir la puerta desde adentro». Pero mi amigo Juan dice que siempre ha querido pintar el cuadro desde el otro lado de la misma puerta, con una persona buscando a tientas en la oscuridad el picaporte, pero sin poder encontrarlo.

Permitir a Dios entrar no siempre es fácil. Algunos estamos sincera y honestamente tratando de acercarnos a Dios, de dejarle entrar en nuestros corazones, pero nos siguen estorbando. Y no es sólo porque tenemos dificultad para oír su llamado a la puerta. Incluso cuando lo oímos, ¡algunas veces parece que no podemos hallar el picaporte!

Por siglos los dudosos han intentado alcanzar la «fe» mediante una serie de calles populares que parecen atrayentes, pero que en realidad resultan callejones sin salida.

Un monje de muchos años atrás, por ejemplo, cuyas historias he encontrado mientras husmeaba en una biblioteca en Escorial, España, sintió la necesidad de estimular su tambaleante fe, de modo que se puso a copiar a mano la Biblia entera. Toda, esto es, excepto desde Santiago hasta Apocalipsis. En alguna parte en los últimos capítulos de Hebreos, todavía atormentado por las dudas, el joven clérigo español se suicidó.

Y la gente de hoy todavía trata de lograr creer recorriendo caminos que no conducen a la fe, senderos por los cuales la fe no viene. Y esto incluye algunas de las rutas «cristianas» estándar recomendadas por «guías espirituales» fervientes, pero sin experiencia y peor informados.

A lo mejor usted conoce algunas personas que jamás faltan a un culto en la iglesia, pero cuya fe, a pesar de todo, parece tergiversada. Tal vez sean personas amargadas, por ejemplo, o egoístas o dadas a trivialidades. Y son viva prueba de que sentarnos en una iglesia no nos convierte en creyentes maduros, de la misma manera que sentarnos en un garaje no nos convertiría en un automóvil.

Joyce se unió a cinco grupos de estudio bíblico para borrar sus dudas y edificar su fe. El sábado pasado la vieron a las cuatro de la mañana abandonando una cantina y mascullando con su acompañante de cómo había llegado a detestar a todas aquellas cincuenta comebiblias juntas.

Eduardo acaba de concluir su doctorado en griego del Nuevo Testamento. Se matriculó en el seminario esperando que el ambiente religioso lo podría sacar de las dudas que lo hostigaban. Pero aun cuando entró hambriento de Dios, salió atragantándose de griego. Hoy Eduardo trata de encontrar una casa publicadora para su primer libro *¿Por qué soy agnóstico?*

Carlos, por otro lado, pasa más tiempo que nunca en la iglesia y lo disfruta menos. Se siente culpable porque no puede hacer más. Desesperadamente trata de tener una fe de cara alegre y ojos brillantes como la de Alfredo, y se le ha dicho que si persiste y se involucra más en más servicio cristiano, a la larga la encontrará. En realidad, Carlos se siente cada vez más lejos de Dios. No ha orado a solas en meses.

¿Conoce a alguna de estas personas? Son dudosos que quieren una fe más fuerte. Pero desperdician su tiempo, porque avanzan por los caminos equivocados. Y no están solos.

Este capítulo levantará letreros de advertencia a la entrada de algunos de los callejones sin salida que pueden desviarlo del sendero a la fe.

Más adelante examinaremos algunas maneras por las cuales la fe *sí viene.* Veamos algunos de los métodos por los cuales la fe *no viene.*

Callejón sin salida #1: Apagar su mente

Primero, la fe no viene apretando nuestros ojos y *tratando con toda su fuerza de creer lo que sabemos que no es así.*

En el capítulo inicial de *A Reasonable Faith* [Una fe razonable], Anthony Campolo relata un instructivo encuentro que ocurrió cuando enseñaba en una universidad de mucho prestigio. Una estudiante de los cursos superiores se le acercó pidiendo ayuda para lidiar con un severo sentimiento de culpa y aflicción debido a la pérdida de su prometido. A pesar de los esfuerzos de Campolo para consolarle, explicarle y finalmente tratar de convencerla por medios de argumentos para que volviera a su fe en Dios, Campolo sabía que había fracasado. «Quiero creerle. ¿No lo comprende?», exclamó ella. ¡Pero no puedo *hacerme* creer!»[1]

Cierto, la fe no viene con un deseo de creer; pero querer creer no significa ignorar los obstáculos para la creencia. La voluntad de creer no es igual que engañarse uno mismo, ni ilusión, ni lavado cerebral. Pasar por alto las dudas fastidiosas y barrerlas debajo de la alfombra no hará que desaparezcan. Hay que enfrentarlas, ¡sinceramente!

Durante algunos de mis dolorosos períodos de dudas, razonaba: «Puesto que es obvio que muchos de estos creyentes que encuentro están mucho mejor informados que yo, con toda seguridad han pensado en todas las formidables preguntas y problemas que estorban mi fe. Y sin embargo creen. Me pregunto, ¿cómo? Tal vez sea porque ignoran las cuestiones que les fastidian».

Hice una tentativa para hacer lo mismo, pero mis preguntas no querían quedarse bajo la alfombra. La única manera en que podría mantenerlas allí sería engañarme yo mismo o ser intelectualmente deshonesto. Y no podía creer que Dios exija una de esas cosas como parte de creer en Aquel que dijo: «Yo soy[...] la verdad».[2]

Además, obviar las preguntas no hacía que desaparecieran; sólo erosionaba mi confianza en la honradez (o la inteligencia) de los creyentes. Por supuesto, esta «fe» hecha me parecía incluso más malsana ética y sicológicamente.

Por cierto que, tratando de creer por ignorar las dudas todo lo que uno consigue es la desintegración de la personalidad propia, conduciendo a más confusión. ¡No! La fe no viene sólo con cerrar nuestros ojos a cualquier cosa que desafía a la fe.

1 Tony Campolo, *A Reasonable Faith* [Una fe razonable], Word, Waco, TX, 1983, p. 18.
2 Juan 14.6.

Callejón sin salida #2: Esperar que la fe sobrevenga

Segundo, *la fe no viene sólo por esperar hasta que «sobrevenga»*, aun cuando la fe por lo general *sí* se desarrolla con el tiempo. Allá en los días de patear piedras por los caminos rurales finalmente me conformé con la esperanza de que algún día, de alguna manera, la fe «sobrevendría» a medida que creciera. Después de todo, era sólo un chiquillo en esa época. «Tal vez cuando llegue a la escuela secundaria», esperaba ilusionado, «voy a creer».

Pero mi amiga Duda siguió viviendo conmigo cuando me fui a la escuela secundaria. Las preguntas de mi niñez crecieron, para convertirse en sospechas de que nunca sería capaz de guardar las normas ni de confiar en Aquel que las estableció. Antes que darme paz y propósito, Dios sólo parecía intensificar mi culpa y mis sentimientos de desesperación. Muchas veces me acercaba a la fe, únicamente para retroceder por el dolor que parecía traer. Algunas veces me sentía que mientras más me acercaba a Dios, ¡más Él me lastimaba! Sin embargo, continuaba esperando que algún día, tal vez en la universidad, «crecería» a una suficiente fe.

Pero luego en la universidad enfrenté desafíos aún más temibles a mi fe. Irónicamente, me matriculé para estudiar para el ministerio, tal vez con la esperanza de que los estudios me enseñarían a cómo creer. Pero incluso mis estudios teológicos no alejaron las dudas acosadoras que continuaban mordiéndome los talones. En lugar de esto, me vi expuesto a problemas intelectuales que nunca antes había siquiera imaginado: ¿Qué parte de las Escrituras es mito y qué es historia? ¿Fueron honestos los escritores del Nuevo Testamento en su uso del Antiguo Testamento? ¿Por qué a millones en tierras extranjeras, virtualmente no alcanzados por el cristianismo, parecen que sus religiones les sirven bien? ¿Por qué les ocurren cosas malas a la gente buena y cosas buenas a la gente mala?

Leí sobre ciencia, sicología y filosofía que no parecían encajar con la Biblia, y aquellas contradicciones ciertamente no aclararon mis dudas. No, la fe no vino por el simple hecho de esperar hasta llegar a la universidad.

Los años de «edad adulta» desde entonces tan solo han servido para desmantelar más mi ilusión de que la simple espera puede traer la fe. Por el contrario, la simple «espera» por la fe en realidad parece conducir más a la duda.

Callejón sin salida #3: Recibir una oferta irrechazable

Tercero, aun cuando la fe *es* un don divino, *no viene por decreto divino arbitrario,* como si algunas personas estuvieran destinadas para la fe y otras para la incredulidad, sin que ningún grupo pueda hacer nada por ello.

Sí, desde la perspectiva de Dios, la fe es un obsequio, un don. La Biblia lo dice claramente.[3] Pero Dios no coacciona a nadie para aceptar su obsequio. Desde *nuestra* perspectiva la fe empieza cuando una persona decide confiar en el regalo de Dios.[4]

Para decirlo en argot teológico, el Espíritu soberano nos impulsa a escoger la fe, pero Él nos da la potestad de rehusar sus impulsos. La fe es *una decisión del corazón y de la voluntad de confiarnos a Dios.*

¿Parece complicado? Un amigo cuenta una historia que puede ayudar a explicar la relación paradójica entre «regalo» y «decisión»:

A este amigo alguien le ofreció un regalo poco común: una semana en Las Vegas, incluyendo boletos y reservaciones para una mesa en uno de los espectáculos más prestigiosos de Las Vegas. Se le dijo simplemente que le mencionara el nombre de aquel hombre al jefe de camareros.

En la puerta mi amigo se unió a una larga fila de personas impacientes y emperifolladas. (Mi amigo llevaba pantalones de mezclilla, una chaqueta deportiva y camisa de cuello abierta.) Gente disgustada iba saliendo de la cabeza de la fila y un grandullón vestido con frac negro persistía en gritar: «Lo lamento. Ya no hay entradas». Algunos le ofrecían al jefe de camareros hasta doscientos dólares por sobre el precio del boleto, con tal de entrar. Mi amigo sólo tenía alrededor de veinte dólares en su bolsillo. ¿Qué podría hacer?

Se quedó en la fila hasta que le llegó su turno. El jefe de camareros le dio un vistazo desdeñoso y le repitió: «Lo lamento. Ya no hay entradas». Mi amigo estuvo a punto de retirarse, pero recordó mencionar el nombre de su amigo.

El hombrón del frac sonrió: «Ah, discúlpeme. Tenga la bondad de seguirme».

Como me lo explicaba más tarde: «No tenía ni status ni dinero

3 Véanse Juan 6.44; Romanos 8.28-20; 10.17; 12.3; Efesios 1.3-14.

4 Josué 24.14-15; Marcos 1.15; Juan 3.36; Hechos 2.40; 7.51; Romanos 6; 2 Corintios 5.1; y 2 Pedro 3.9

que hubieran podido conseguirme la entrada. Ni siquiera había comprado un boleto. Mucha gente a mi alrededor parecía tener más a su favor. Pero la simple mención del nombre de aquel sujeto me ganó pleno acceso. Eso fue un "regalo"... gracia».

Sin embargo, mi amigo también hizo una elección. El jefe de camareros no le hubiera obligado a retirarse. La entrada era un obsequio, pero todavía no hubiera sido efectiva sin su decisión de ir a Las Vegas y reclamarlo. Tenía la potestad de virar y retirarse. Recibir el regalo o rechazarlo era su libre elección.

La fe, también, es un don de Dios para el cual no tenemos los recursos para conseguirlo, ni lo merecemos. Y a *diferencia* del fin de semana que mi amigo pasó en Las Vegas, la fe es un regalo ofrecido a todos nosotros, igualmente, por Dios. Jesús dijo: «Venid a mí *todos* los que estáis trabajados y cargados».[5] Cada uno de nosotros, sin embargo, debe tomar la decisión de si quiere o no aceptar el «don gratuito» de Dios. La fe es una oferta que sí podemos rechazar.

Callejón sin salida #4: Buscar una prueba definitiva

Cuarto, *la fe no viene mediante prueba lógica,* aun cuando sí *está* respaldada por amplia evidencia y está muy lejos de ser un salto irracional en la oscuridad. No podemos ser lógicamente forzados a creer.

Solía ir a pescar con un amigo que al parecer esperaba lograr alcanzar su fe mediante prueba lógica. «Convénceme», me desafiaba. «Yo argüiré en contra de la existencia de Dios. Argumenta tú a favor de ella. Haz lo mejor que puedas y si ganas la discusión, tendrás un creyente. No soy ningún tonto. Cuando vea pruebas claras, ¡tendré que creer!»

El destacado historiador tejano J. Frank Dobie tenía el número de teléfono de mi compañero de pesca. Sin pelos en la lengua le contó una «historia de conversión» que en forma extravagante da indicios de las debilidades del método de «prueba» para llegar a la fe:

Se dieron de puñetazos por cuarenta minutos
Y la chusma vitoreó y alentó
Cuando Juan escupió una muela o dos,

5 Mateo 11.28, cursivas añadidas.

O cuando Roberto perdió una oreja.
Pero al fin Juan logró vencerlo,
Y le asestó uno o dos puñetazos,
Y de inmediato Roberto admitió
La divinidad de Cristo...
Entonces alguien sacó una botella
Y amablemente la hizo circular...
... y la proliferación de la infidelidad
Se controló en el campamento aquel día.[6]

Esta es una historia absurda, por supuesto. La fe no viene porque alguien que nos pueda golpear más fuerte nos meta a martillazos la «verdad». Y la fe sin duda no viene debido a que una persona más brillante, mejor informada o más locuaz que nosotros «pueda convencernos a entrar en ella». ¡El corazón simplemente no trabaja de esta manera!

Piénselo. Si la lógica fría y hechos escuetos pudieran forzar a la gente a creer en Dios, las personas más listas serían las primeras en creer y las más obtusas las últimas. Algunas veces parece ser que lo opuesto es en realidad la verdad. El nivel de inteligencia tiene muy poco que ver con la fe.

Por un lado, usted no tiene que ser un tonto para ser «lo suficiente ingenuo como para tener fe». Por otro lado, es obvio que ser incrédulo no significa ser necio. Hay abundantes incrédulos inteligentes por ahí.

¡La fe no viene a partir de una prueba, porque simplemente no hay ninguna prueba conclusiva que sea parte de un argumento racional!

Roberto recuerda cómo su fe vacilaba cuando intentó llegar a la fe rebuscando argumentos que la respaldaran en contra de los que contrarrestaban la fe en Dios. «Si mi prueba es sólida», razonaba Roberto para sí mismo, «no tendré otra alternativa sino una fe que cambia la vida».

Pero Roberto nunca pudo estar seguro de haber oído la última palabra. «Debajo de cada piedra que viraba», recuerda, «descubría otras tres o cuatro sin virar. De modo que mi fe pendía de un hilo.

6 De *Cow People* [Pueblo de vacas], de Frank Dobie, © 1964 por Frank Dobie. Con permiso de Little, Brown and Company. Traducción libre de Miguel A. Mesías.

Literalmente me preocupaba no ser lo bastante listo como para aferrarme a mi fe. En algún momento dado, una mente más brillante que la mía podía torpedear mis mejores argumentos y por completo destrozar mi fe».

El problema, por supuesto, es que en cualquier argumento por la fe ningún «lado» puede estar seguro de haber oído «todos los argumentos».

Oí que se decía que uno de los presidentes de la Universidad de Princeton, de hace muchos años, trató regularmente de convertir a su buen amigo, el presidente de la Universidad de Harvard. Aun cuando el hombre de Harvard pensaba que podría ser un creyente «algún día», lo aplazaba año tras año, diciendo: «Debo examinar primero toda la información».

Al final, su amigo de Princeton le dijo: «Completar cada curso que se ofrece en el catálogo de la Universidad de Harvard llevaría por lo menos cien años. Y eso abarcaría sólo los cursos que se ofrecen en la actualidad en una sola universidad. Y hay miles de universidades. Tú no puedes vivir lo suficiente como para examinar toda la información disponible. Ahora, ¿qué información es la que necesitas saber antes de poder creer?»

A la larga todo el que decide bien sea a favor o en contra de la fe debe tomar la decisión sin contar con todos los hechos. Además, tener toda la información sólida tal vez no nos persuada de todas maneras. El corazón se proyecta incluso más amplio que la cabeza cuando se trata de decidir la dirección de la vida. El corazón que se resiste puede siempre hallar una excusa o una salida, ¡sin importar cuán conclusiva sea la «prueba»!

Algunos creyentes se asombran al descubrir que la Biblia nunca intenta presentar pruebas en cuanto a Dios. Si la fe viniera de esta manera, ¿por qué Dios no nos da un libro de «pruebas»? En lugar de eso, desde la primera línea hasta la última, la Biblia intrépidamente *da por sentado* la realidad de Dios.

Los Salmos, por ejemplo, se dirigen a Dios como alguien lo haría a un buen amigo. ¿Quién se siente compelido a probar que un amigo existe? ¡Qué extraño parecería!

¿Supóngase que le cuento respecto a mi amigo Lou Seckler, con quien he viajado por varios países? Después que usted me ha oído contar varias de mis historias respecto a Lou, qué tal si usted me dice:

«Pruébeme que Lou Seckler existe». ¡Me quedaría perplejo! ¡Por supuesto que existe! ¡Es mi amigo!

Pero supóngase que acepto su desafío. Quizás diría: «Pues bien, hace ya algunas semanas que hablo con él casi todos los días. He estado en su casa varias veces. Tengo un libro que ha escrito, varias cartas de él y un cuadro que me regaló. Luego, ¿qué más pruebas necesita?» Ese es el método que la Biblia toma.

Obviamente, esta posición puede ser más que un poco amenazadora, en especial para nosotros, personas modernas que nos han preparado para exigir «pruebas» de todo lo que creemos. Cuando un profesor del seminario recalcó en clase que la Biblia no intenta presentar pruebas respecto a Dios, sino que sólo lo da por sentado, un estudiante replicó: «Eso más bien asusta. ¿Está diciendo que la fe es un "salto a ciegas"?»

El profesor respondió: «Sí y no».

Sí, en un sentido, si tenemos «fe», en algún punto habremos tomado la decisión de creer sin prueba completa y con muchas preguntas no contestadas.

Por otro lado, *¡no!* La fe no es un salto *a ciegas*. No estamos sugiriendo la clase de fe que Frederick Buechner describe como «la capacidad de aceptar un sinfín de enormidades santas que cualquier estudiante de enseñanza media descartaría de inmediato».[7] No es la clase de fe denigrada en la libre interpretación que Archie Bunker hace de la definición de fe dada por Mark Twain: «La fe es creer lo que cualquier tonto no cree».

En lugar de eso, la fe es un salto basado no en la prueba, sino en la *confianza*.

El 23 de agosto de 1964 Abraham Lincoln escribió un memorándum en una hoja de papel, la dobló y le pidió al gabinete entero de los Estados Unidos que la firmaran sin leerla.[8] Asombrosamente, ¡todos lo hicieron! Al hacerlo así se comprometían a las consecuencias de lo que Lincoln proponía, sin haberlo leído.

Esa es fe *fuerte*... ¡pero no fe *ciega*! El gabinete de Lincoln tenía más que suficiente razón para creer en las propuestas de su Presi-

7 Frederick Buechner, *Now and Then* [Ahora y entonces], Harper, San Francisco, CA, 1983, p. 95.
8 Roy P. Basler, ed., *Collected Works of Abraham Lincoln* [Obras compiladas de Abraham Lincoln], Rutgers University Press, New Brunswick, NJ, 1953, vol. 7, pp. 514-515.

dente, incluso cuando en realidad no habían leído el documento. No tenían prueba. Conocían a Lincoln demasiado bien como para confiar en él.

No hay vida sin confianza, sin fe. Toda persona cree en algo. La existencia diaria depende de algún tipo de fe. Todos tenemos fe en que el sol saldrá mañana. ¿No lo ha hecho así por siglos? Pero nadie puede probarlo empíricamente que lo hará.

Usted confía en que su silla lo sostendrá, pero no tiene ninguna garantía. Puede tener un historial impecable, pero, ¿qué de la próxima vez que se siente en ella?

Creemos que la luz aparecerá al mover el interruptor, que el automóvil arrancará al darle la vuelta a la llave del encendido, que el cable del ascensor en la oficina no se romperá, que el conductor que llega a la intersección de las calles obedecerá las señales del tránsito.

Pero nótese tres observaciones respecto a las cosas en las cuales creemos:

(1) *No podemos probar ninguna.* Concedido, su historial puede hacerlas creíbles. Las luces se han encendido las últimas dieciséis mil veces que hemos oprimido el interruptor. El ascensor ha funcionado por años. Por lo general, los conductores se detienen ante los semáforos. Pero, ¿qué tal la próxima vez? Usted no lo sabe. Lo cree. Confía en ello. Tiene fe.

(2) *Comprendemos muy pocas de las cosas en las cuales confiamos todos los días.* La mayoría de nosotros no podría explicar casi nada de la electricidad, pero sin embargo oprimimos y movemos interruptores. El hecho de que algo sea incomprensible no destruye nuestra fe en ese algo.

(3) *Nuestra fe en todas estas cosas se basa en la evidencia, no en la prueba.* La evidencia acumulativa de experiencias pasadas nos permite tener la confianza en todas estas cosas que no podemos probar.[9]

Hay una gran diferencia entre la prueba y la evidencia. La prueba *establece* conclusiones. La evidencia, mientras que puede ser muy persuasiva, sólo *apunta hacia* esas conclusiones. Al tratar de convertir la evidencia en prueba, establecemos un criterio imposible para nuestra

9 Dan Anders, «Life Without Faith» [Vida sin fe], sermón predicado en la Central Church of Christ, Houston, TX, febrero de 1971, p. 3.

fe y en realidad podemos estar alejando a Dios de nosotros a empujones.

Pero aun cuando la evidencia no es lo mismo que prueba, examinar la evidencia de lo que se nos ha pedido creer puede allanar el camino para la confianza al aclarar algunos de los obstáculos intelectuales y así nuestra «fe» no exige que dejemos nuestros cerebros en la puerta de la iglesia. Para mí la evidencia que respalda la fe cristiana es abrumadora y convincente. Por esta razón, en el apéndice, menciono una lista de excelentes libros que dan evidencias respaldando la fe, a menudo llamada apologética. Espero que las halle igualmente útiles.

Observe con cuidado, sin embargo. Puesto que los libros los preparan o escriben seres humanos, fácilmente pueden tener fallas y algunos hasta contener distorsiones letales. Durante la década del cincuenta, por ejemplo, los universitarios devoraban los libros de Harry Rimmer, un «apologista cristiano» muy popular. Sin embargo, los libros de Rimmer en realidad hicieron más daño que provecho a las mentes inquisitivas, porque la «arqueología» e «historia» de Rimmer estaban adornadas con invenciones propias. Mi apéndice no recomienda libros de la «calidad de Rimmer». Pero tenga la luz de advertencia encendida de todas maneras; incluso los libros más serios sobre apologética pueden incluir algunas fallas. E incluso los pensadores más equilibrados y bien informados difieren en sus interpretaciones de los hechos.

Y esta advertencia nos trae de nuevo a nuestro punto de partida. Sí, la apologética puede tener algún valor. Pero esperar que la apologética pruebe que hay un Dios puede resultarnos en un tiro por la culata. Porque la fe, por definición propia, no es *saber* ni *conocer*.

«Porque por fe andamos, no por vista» es la manera en que la Biblia lo dice.[10] Cuando algo queda verificado por los datos empíricos, se sale de la categoría llamada «fe». Antes que ser algo en lo cual creemos, en lo cual confiamos, se convierte en algo que sabemos.

Volviendo al ejemplo anterior, cuando me siento en mi silla en mi oficina, no acepto su existencia por fe. Sé que está allí, debido a mis cinco sentidos. (Sí, ¡hasta puedo olerla y saborearla!)

Pero estamos tratando con Dios, quien no se sujeta a esa clase

10 2 Corintios 5.7.

de examen cruzado. Él no se ha presentado al mundo en forma racional ni empírica. (Si pudiéramos reducirlo a algo similar a eso, ¿sería de todas maneras Dios?) Como alguien dijo: «¡Es tan imposible probar que Dios no existe como probar que *sí* existe!»

Además, incluso si se pudiera probar la existencia de Dios «más allá de toda duda razonable», probar que Dios existe no sería como «rascar donde pica». Como Frederick Buechner dice:

> Todos queremos estar seguros, todos queremos prueba, pero la clase de prueba que tendemos a querer (la demostrable científica o filosóficamente que silencie todas las dudas de una vez por todas), de ninguna manera contestará, después de todo, la atemorizante profundidad de nuestra necesidad. Porque lo que necesitamos saber, por supuesto, no es sólo que Dios existe, no es sólo que más allá del acerado brillo de las estrellas hay una inteligencia cósmica de alguna clase que mantiene el espectáculo moviéndose, sino que hay un Dios precisamente allí en el palpitar de nuestras vidas diarias, que tal vez no esté escribiendo mensajes respecto a sí mismo en las estrellas, sino que de una manera u otra está tratando de darnos mensajes incluso a través de nuestra ceguera mientras nos movemos aquí abajo, sumergidos hasta las rodillas en el fragante estiércol, miseria y maravilla del mundo. No es prueba objetiva de la existencia de Dios lo que queremos, sino, sea que usemos lenguaje religioso para ello o no, la experiencia de la presencia de Dios. Ese es el milagro que realmente perseguimos. Y ese es también, pienso, el milagro que en realidad logramos.[11]

Me gusta eso. Por supuesto, queremos fundamentos sólidos para nuestra fe. Pero lo que la mayoría de nosotros en realidad queremos es *una relación con un Dios personal*. Anhelamos «paz para con Dios».[12] Tenemos hambre de Cristo «a fin de conocerle».[13] Queremos una relación rica, íntima, cercana, significativa, práctica, con el Señor. Y no queremos desarrollar esa relación mediante una prueba lógica.

11 Frederick Buechner, *The Magnificient Defeat* [La derrota magnífica], Seabury, NY, 1983, p. 47.
12 Romanos 5.1.
13 Filipenses 3.10.

La fe nace cuando el Espíritu Santo toca nuestros corazones y entonces, en alguna parte, en el centro de nuestras almas, despierta nuestra voluntad y nos invita a confiar en Dios. «El que *quiera* hacer la voluntad de Dios», dijo Jesús, «*conocerá* si la doctrina es de Dios».[14] Él nos atrae y llama, pero aun así debemos querer. Tenemos que tomar la decisión de la fe. Esto es lo que creer tiene como raíz.

La apologética aclara el camino para esta decisión de fe. La evidencia respalda la decisión. El Espíritu invita al corazón. Pero «la hora de la decisión» tiene lugar en la voluntad. La fe ocurre, no cuando al final nos arrastran argumentos convincentes, sino cuando algo muy dentro nuestro, y sin prueba conclusiva, acepta el desafío que Josué puso ante el pueblo de Israel hace muchos siglos: «Escogeos hoy a quién sirváis».[15]

Callejón sin salida #5: Buscar un milagro

Si la fe no viene por pruebas, *tampoco viene a través de milagros.* No sugiero aquí que no haya nada milagroso en cuanto a la fe, ni que la fe no crea en milagros. Pero presenciar milagros no genera automáticamente fe.

Jorge y Felipe, su viejo compañero del juego de golf, con frecuencia se abrían mutuamente el corazón mientras recorrían las pistas. Mientras esperaba por ellos un día para que pasaran, no pude dejar de oír. Jorge era también un dudoso que, como muchos de nosotros algún momento en la vida, rogaba: «Dios mío, si estás realmente en algún lugar, muéstrame un milagro inexplicable de ninguna otra manera y tendré que creer en ti».

—No sé exactamente lo que esperaba —le confesaba Jorge a Felipe—, pero lo más probable es que una manifestación milagrosa no hubiera servido de mucho. Si una portentosa voz saliendo de alguna parte hubiera exclamado: «Te amo», quizás hubiera respondido: «¿Qué fue eso? ¿Un trueno? Señor, si realmente fuiste tú el que habló, escribe esas palabras en el cielo». Y si Dios decidía escribir en enormes letras, extendiéndose de horizonte a horizonte: «¡TE AMO!», a lo mejor hubiera dado un vistazo al cielo y me hubiera dicho: «Uhm... Veo la escritura de humo, ¡pero no logro ver el avión».

14 Juan 7.17, cursivas añadidas.
15 Josué 24.15.

—Pues bien, Jorge —respondió Felipe—, ¿qué tan grande milagro querrías? ¿Quisieras que el Señor se apareciera físicamente a ti?

—Tal vez —se aventuró a decir Jorge.

—Sí es así —replicó Felipe—, ¿de qué forma?

—A lo mejor si viene en forma humana, creería —sugirió Jorge.

—¿Lo creerías? ¿verdad? —dijo Felipe—. En realidad, Él apareció en forma humana ante una multitud. ¡Hasta obró una serie de señales milagrosas en sus mismas narices! ¡Pero algunos de esos testigos presenciales simplemente atribuyeron al diablo sus milagros y luego lo crucificaron!

»Jorge —continuó Felipe—, ¿te convencerías si físicamente observaras con tus propios ojos cómo Jesús resucitaba a un amigo tuyo que había estado muerto durante tres días?

—No lo sé. Quizás.

—No convenció a algunas personas en la Biblia. Después que Jesús levantó a Lázaro de entre los muertos, como dice Juan, capítulo once, ¡los grandes personajes religiosos querían *matar a Lázaro*! ¡Sí! Eran tan obstinados que en lugar de creer en Jesús, ¡trataron de destruir la evidencia milagrosa!

Ya casi alejándose más allá de donde podía oírlos, el punto de Felipe resonó claro y contundente: ¡La evidencia milagrosa en sí misma no necesariamente produce fe! Las Escrituras están de acuerdo, el Evangelio de Juan indica que «a pesar de que había hecho tantas señales delante de ellos», muchos «*no creían* en Él».[16]

Lo que perturba más todavía: Estas personas que Juan describe habían hecho tanta resistencia que Juan dice, finalmente, que «por esto *no podían* creer».[17]

Qué declaración más ominosa. Nótese que la incredulidad de la gente que Juan describe era una *decisión*. La fe en Jesús hubiera amenazado sus intereses ocultos. Consciente o inconscientemente optaron por colocar sus corazones en contra de Cristo y continuaron decidiendo no creer a pesar de las «pruebas» milagrosas durante un buen período de tiempo. Por último, ¡sus corazones se endurecieron tanto que incluso las señales milagrosas de Jesús no les impactaban! Es

16 Juan 12.37, cursivas añadidas.
17 Juan 12.39, cursivas añadidas.

posible rechazar la fe tan a menudo que podemos acabar en realidad desmantelando nuestra «maquinaria de creencia».

¡Las señales más poderosas y las maravillas más asombrosas no pueden cambiar nuestros corazones! ¡Sólo el Espíritu de Dios puede hacerlo! A través del evangelio, el Espíritu de Dios nos mueve a optar por la fe. Pero incluso allí, Él no nos fuerza, sólo nos toca, nos convence, nos llama. De nosotros depende cómo respondemos.

De modo que, ¿cómo viene la fe?

La fe, entonces, no viene mediante la falta de honradez ni autoengaño. Con sólo esperar por ella no necesariamente va a hacer que sobrevenga. La fe es un don divino, pero nunca nos lo da a la fuerza. Ni tampoco viene a través de pruebas convincentes ni por presenciar milagros.

¿Cómo, entonces, viene la fe? ¿Qué podemos *nosotros* hacer al respecto? Sugeriré un plan práctico de acción en capítulos posteriores. Pero primero, para asegurarnos de que no nos descarriaremos demasiado del camino, volvamos en el siguiente capítulo a aguzar el foco de nuestra definición de fe.

Parte II

Pienso que creo... pero, ¿qué es exactamente la fe?

Los que creen creer en Dios
pero sin pasión en el corazón,
sin angustia en la mente,
sin incertidumbre, sin duda,
e incluso en ocasiones sin desesperanza,
creen solamente en la idea de Dios,
y no es Dios mismo.

MADELEINE L'ENGLE

4

Lo que no es la fe

Hace años dejé de jugar raquetbol con mi hija. Siempre me derrotaba y luego se mostraba benevolente conmigo. Un día daba rienda suelta a mi frustración golpeando el mango de mi raqueta contra la pared y mascullando algo así como: «¿Qué tengo que hacer para ganar este juego?»

Michele explicó condescendiente: «Ah, es simple, papá. Cuando sea tu turno, simplemente golpea la pelota de modo que caiga dentro de las líneas».

Por supuesto que su respuesta no fue de ninguna ayuda. Ya lo *sabía*. ¡Sólo que no podía hacerlo!

Tal vez usted se siente así de frustrado respecto a su fe.

Sabe lo que hay que hacer; ¡sólo que al parecer no puede hacerlo! Y esto levanta algunas preguntas espinosas: ¿Algunas veces piensa que Dios es un poco injusto?

Después de todo, la Biblia llanamente afirma: «Sin fe es imposible agradar a Dios».[1] Jesús advirtió: «Si no creéis que yo soy, en vuestros pecados moriréis».[2] ¡Y Pablo el apóstol en realidad asevera que la incredulidad es inexcusable![3] La Biblia no anda por las ramas: La fe es la clave para la relación con Dios. Sin embargo, y aquí está la cuestión, algunos parecemos incapaces siquiera de alimentar mucha fe.

¿Exige Dios lo imposible? Sólo creer. Persistir en darle a la pelota de modo que caiga dentro de las líneas. ¡Así es! «Comprendo lo que hay que hacer», se lamenta usted, «pero sencillamente no puedo ha-

1 Hebreos 11.6.
2 Juan 8.24.
3 Romanos 1.20.

cerlo. ¿O será que está ladrándole al árbol equivocado porque no entiende lo que es la fe?

Esta última pregunta da con exactitud en el blanco. Algunas personas definen la fe de maneras que hacen imposible creer. Es más, definiciones enrevesadas de la fe a menudo obstaculizan el camino a una creencia real por parte de la mayoría de los que buscan sinceramente.

Esto significa que si queremos aumentar nuestra fe, es mejor asegurarnos de que sabemos qué es la fe. Y para lograr un claro vistazo a lo que *es* la fe, necesitamos primero echar a un lado algunas cosas que *no son* la fe.

Obstáculo #1: Ensartado en sentimientos

Antes que todo, usted tal vez ya tenga fe y no lo sabe porque está persiguiendo una «experiencia» ilusoria. Con frecuencia se confunden los torbellinos de emoción con genuinos encuentros con Dios. Pero *la fe no es sensaciones*.

Muchos norteamericanos parecen querer que la vida los incite: «¡Simplemente hazlo!» «¡Date todo el gusto que puedas!» Algunos toman atajos para sentirse bien mediante experiencias estéticas, deportes y hasta trabajo; o más destructivamente al comer con exceso, o abusar de sustancias o relaciones sexuales sin barreras. Así que no debe sorprendernos descubrir algunas de las formas populares de religión que igualan «sensaciones religiosas» con la fe en Dios.

Anhelamos esa «experiencia de fe»: un canto especial que estremezca el corazón, o una explosión devocional que nos transporte a un éxtasis espiritual. Devoramos libros, grabaciones, sermones, retiros, conferencias, iglesias y hasta relaciones, siempre anhelando ese «algo» que nos conectará y encenderá. Y cuando eso ocurre, damos por sentado que hemos encontrado esa escurridiza experiencia llamada *fe*.

Algunas veces en realidad logramos un espasmo de euforia religiosa y alcanzamos una nueva altura, sólo para caer en la desilusión cuando esa nueva emoción se aplaca. Rogelio lo hacía así... a menudo. Especialmente recuerda un tiempo cuando, hacia el final de una buena conferencia emocionante, le invadieron sentimientos nuevos y poderosos que parecían de seguro ser esa tan largamente buscada «experiencia de fe».

«¡Ah! Esto es», se alegraba. «¡Alabado sea Dios! Nunca volveré a ser aquel cansado caminante de corazón afligido». Al regresar aquel domingo por la tarde, «todo el asunto se había desvanecido y vi de nuevo en mi casa al mismo cansado caminante dudoso que había salido el viernes».

«El resultado neto», me dijo Rogelio más tarde, «fue que me sentí más desesperanzado que antes de ir a la conferencia. Pasé la siguiente semana preguntándome: Si eso no era, ¿podré lograrlo algún día?"»

Incluso si «lo logramos», corremos el riesgo de desarrollar lo que los sicólogos cristianos Stephen Arterburn y Jack Felton llaman «adicción religiosa». En su libro *Toxic Faith* [Fe tóxica], Arterburn y Felton describen cómo dejarse atrapar por la sensación religiosa puede menoscabar la fe saludable:

> Los adictos religiosos no adoran a Dios. Usan orgías espirituales para saciar la necesidad de experimentar algo distinto al aburrimiento y el dolor de su existencia. Usan la actividad para distraerse de la ardua realidad. Pervierten lo que Dios intentó que fuera bueno. Buscando fe en Dios, llegan a desviarse tanto por la experiencia y la actividad que yerran a Dios[...] Su enfoque propuesto de fe real se distorsiona y pervierte, se pierde en el trance y la realidad alucinante que la droga de la religión puede proveer. La víctima continúa practicando los rituales de la religión, y abandona el amor de Dios y se enamora de la compulsión. La fe pervertida se ve y siente bien, pero es una falsificación de un verdadero amor y fe en Dios.[4]

Déjeme apresurarme a decir, por supuesto, que la fe saludable *está* con frecuencia acompañada de oleadas aplastantes de sentimientos, especialmente en algunos de nosotros. Sí, estos en realidad hacen sentirse bien, ¿no es cierto? Cuando eso nos sucede, podemos aceptarlos con gratitud, como dádivas, siempre y cuando no los confundamos con la sustancia de la fe.

Pero no toda la gente está formada de esa manera. Es muy posible tener una fe profunda y permanente sin que nunca nos arrastre

4 Stephen Arterburn y Jack Felton, *Toxic Faith*, Oliver Nelson, Nashville, TN, 1991, pp. 136-137.

el oleaje de sensaciones religiosas. Una fe que no hace olas no es necesariamente de segunda clase.

Y así, para quienes su emociones se desbordan en abundancia y para quienes no, una palabra de alerta: Los sentimientos que con frecuencia acompañan a la fe no son ni pruebas de esta ni la fuente de ella. Pero, como mi amigo Jim solía decir: «Lo que realmente cuenta no es qué tan alto puedes saltar o cuán fuerte puedes gritar, ¡sino la manera en que caminas cuando vuelves a caer al suelo!»

Obstáculo #2: Ver es creer

Segundo, como indicamos en el capítulo anterior, *la fe no es conocimiento.* Aquellos que tienen que «ver para creer» están errando por completo el punto de la fe.

Si estuviéramos ahora mismo sentados a una mesa, el uno al frente del otro, levantaría mi puño apretado y cerrado y diría: «¿Adivine qué tengo en mi mano?» Usted puede adivinar: «una llave», «una moneda» o lo que sea.

(Una vez hice esto durante una conferencia, una niñita chilló desde la primera fila: «Aire, usted tiene aire en su mano». Con una respuesta así no podía perder. Pero luego alguien dijo como para que todos lo oyeran: «¡No, el aire lo tiene en la cabeza, no en la mano!»)

En cualquier caso, después que ha hecho algunos intentos de adivinar, puedo decirle: «Tengo un billete de un dólar en mi mano. ¿Lo cree?» Usted quizás lo crea o quizás no. Pero si responde: «Sí, lo creo», habrá «confesado fe» en que le decía la verdad.

En cierto sentido la fe es confiar, en base a un testimonio confiable, en lo que usted no ha visto. O, como lo dice la Biblia: «Es, pues, la fe la certeza de lo que *se espera,* la convicción de lo que *no se ve*».[5]

Para aclarar más este punto pudiera continuar: «Ahora voy a "destruir" su "fe"». Entonces abriría mi mano para mostrarle el billete de un dólar. Tan pronto como pone sus ojos en el billete, ya no es un simple «creyente»; será «alguien que sabe». Su fe se ha convertido en conocimiento.

El conocimiento, en este sentido, puede validarse por los cinco sentidos. Pero como ya hemos dicho, no es probable que veamos a

5 Hebreos 11.1, cursivas añadidas.

Dios de la manera en que usted puede ver mi billete de un dólar. Él trasciende los sentidos y no está sujeto a verificación empírica. Por eso es que «por fe andamos, no por vista».[6]

Obstáculo #3: Tiene que ser bueno

Tercero, *la fe no es actuación*. Para todos, «es» y «debe ser» siguen siendo polos opuestos.

¿Existe alguien que no ha pecado en esta semana? ¿Hoy? ¿Qué tal en la hora pasada? Así, naturalmente, algunos nos autodegradamos: «Si fuera un creyente de verdad, sería una mejor persona». Pero las fallas, incluso las grandes, no son necesariamente evidencia de falta de fe.

Una de las fuerzas más irresistibles que persisten en llamarme de nuevo a Dios es la manera en que las Escrituras parecen saber mi dirección domiciliaria. Me siento como si Pablo hubiera estado leyendo mi correspondencia cuando leo su queja lastimera:

> Porque lo que hago, no lo entiendo; pues no hago lo que quiero, sino lo que aborrezco eso hago[...] el querer el bien está en mí, pero no el hacerlo. Porque no hago el bien que quiero, sino el mal que no quiero, eso hago[...] ¡Miserable de mí![7]

¡Ese soy yo, exactamente! Usted también, ¿verdad? La Biblia identifica y analiza nuestras luchas con aguda precisión. «No hay justo, ni aun uno».[8]

Bondad y actuación religiosas no son fe. Y mi podredumbre no es evidencia de falta de fe. Por el contrario, mi incapacidad de llegar a la medida es exactamente el porqué debo confiar en la obra consumada de Jesús.

Obstáculo #4: ¡Permitirá escapar!

La fe no es igual a ser bueno o justo. Pero, por otro lado, *la fe no es un escape*. Hay otra clase de «fe popular» que no debe confundirse con la fe genuina.

6 2 Corintios 5.7.
7 Romanos 7.15,18-19,24.
8 Romanos 3.10; véase también Salmo 14.3.

Una cantante de cabaret que conocí en Houston exhibía de manera gráfica la «religión de escape». Salpicaba su conversación generosamente con «alabado sea el Señor» y «bendito sea Dios». Pero me contó que no tenía marido porque no lo necesitaba; Dios le suplía con una serie interminable de maridos. «Algunas veces», testificaba, «mientras canto, un hombre entra en el club nocturno y el Espíritu Santo me habla al corazón y me dice: "Este es el hombre con quien te acostarás esta noche"». ¡No cabe duda que esta variedad de «creer» no honra a un Dios Santo!

Otra persona que conocí me dijo atropelladamente: «Estoy muy contento de haber llegado a confiar en la gracia de Dios. Antes, solían acosarme muchos sentimientos de culpabilidad. Algunas veces, después de emborracharme, me llevaba a alguna mujer y me acostaba con ella. Luego, cuando toda la pasión se aplacaba, recuerdo que literalmente me sentaba al borde de la cama y vomitaba debido a los sentimientos de culpa. Pero ahora que he aprendido a confiar en la gracia de Dios, puedo irme a cualquier parte, disfrutar de la vida y no sentir ninguna culpa, ¡pase lo que pase!»

Enarbole esta advertencia: El mensajero que anunció: «Por gracia sois salvos, por medio de la fe»,[9] también advirtió: «¿Qué, pues, diremos? ¿Perseveraremos en el pecado para que la gracia abunde? En ninguna manera. Porque los que hemos muerto al pecado, ¿cómo viviremos aún en él».[10]

Sí, somos salvos por la fe bíblica, nada más. Sin embargo, ¡la fe bíblica es cuestión bastante inclusiva y exhaustiva! No es sólo asentir a alguna idea abstracta respecto a Dios y luego hacer lo que se nos venga en gana.

En la Biblia la fe no es una idea que usted acepta, sino una realidad dinámica que lo sostiene. Por ejemplo, en el Evangelio de Juan, la fe nunca es un nombre; siempre es un *verbo*. La fe se mueve. Hace algo. No solamente afirma una nueva confesión, sino que hace una nueva criatura.

La fe es confiar, está bien, pero esa confianza está indefectiblemente ligada a un viraje: alejarse del viejo camino y encaminarse ex profeso por el sendero de Dios.

9 Efesios 2.8.
10 Romanos 6.1-2.

Para ponerlo en lenguaje más tradicional, no podemos siquiera creer sin primero arrepentirnos. Jesús lo dijo muy explícitamente: «Arrepentíos, y creed en el evangelio».[11]

Obstáculo #5: Tiene que estar en lo correcto

Quinto, *la fe no es corrección.* Los verdaderos creyentes no son los que «corren en el carril interno» con Dios debido a que «lo tienen todo correcto». La noción de que la fe es igual a corrección sólo conduce a la inseguridad o autojusticia, no a la fe real.

Si mi posición ante Dios depende de la corrección de mi doctrina, por ejemplo, ¿cómo tendré siempre la certeza de que no me equivoco en alguna cuestión de importancia eterna? Y con tanto en juego, ¿cómo me sentiré lo suficiente seguro como para continuar recorriendo el camino de la fe?

Si, por otro lado, me las arreglo para convencerme de que estoy en lo correcto respecto a cada cuestión, ¿qué ocurre? Mi cuadro mental de «corrección» promueve la autojustificación y su secuela: actitud defensiva y argumentos. Acabo plantado obstinadamente en el lugar en vez de avanzar por el camino.

La fe real significa confianza incluso en medio de la confusión al continuar avanzando a tropezones hacia la voluntad de Dios. Repetidas enmiendas a medio camino continuarán redefiniendo la comprensión de la fe para toda la vida. Pero aunque estas, en tanto que pueden alinear nuestro andar más cerca a la voluntad de Dios, no nos dan más seguridad con Él. Dios nos ofrece ya plena seguridad en base a nuestra confianza en Él y no en nuestra capacidad de entenderlo por completo.

Obstáculo #6: Manipulación en el nombre de Dios

Una clase de «fe» intenta sutilmente usar a otros, e incluso a Dios, para sus fines. Pero *la fe no es manipulación.*

James Gustafson dijo:

> Mi percepción de una gran parte de la actividad religiosa en las pasadas dos décadas es que ha sido en grado sumo un instrumento, no para el propósito de honrar y glorificar a

11 Marcos 1.15.

Dios, sino para el propósito de provocar estados subjetivos en los seres humanos. Si podemos hallar algunas maneras de hacer que la religión o Dios nos sirva para nuestros propósitos (sea que nos ayuden a sentirnos mejor o que nos ayuden a cambiar al mundo), los usamos; usamos a Dios para lo que queremos.[12]

Me he preguntado por qué, cuando ciertas personas usan lenguaje divino al dirigirse a mí, me pongo mi chaleco a prueba de religión. Tal vez sonrío con diplomacia por fuera, pero por dentro busco de prisa en silencio alguna ruta para escaparme de la conversación.

No, no soy ateo. Tampoco agnóstico. Tampoco detesto la declaración pública de la fe. No obstante, cuando alguien viene a mí tratando de lograr que «por amor a Dios» le compre un boleto, o un libro, o una bandera, o que respalde al candidato o al partido, o a alguna causa... por alguna razón me mantengo en mis trece.

¿Será que Gustafson ha aislado una fuente principal de actitud cínica? La persona en la calle con demasiada frecuencia es aporreada por otros que tratan de usar sus creencias religiosas como instrumentos para conseguir sus intereses ocultos. ¡Nos da la impresión de que algunos realmente creen que Dios se ha puesto de su lado!

En muchos casos, a decir verdad, esquivar palabras religiosas falsificadas puede impedir el flujo de la comunicación espiritual legítima. Algunas veces me veo evadiendo cualquier clase de conversación religiosa, pues temo que pueda aparecer como un manipulador santurrón. Tal vez usted mismo haya experimentado algo similar.

Sería beneficioso dar un nuevo vistazo a un mandamiento muy serio: «No tomarás el nombre de Jehová tu Dios en vano».[13] Este mandamiento podría traducirse literalmente como: «No uses el nombre de Dios para tus vanos propósitos». Con mucha frecuencia, sin embargo, se ha tergiversado convirtiéndolo en un «dicho popular» que dice: «Por favor, no blasfemes». Por supuesto, no sugiero que «las blasfemias» sean buenas. Pero usar el nombre de Dios para propósitos vanos tal vez sea una cuestión infinitamente mucho más grande.

12 James Gustafson, citado en *Christian Century*, 30 de julio de 1980, p. 12.
13 Éxodo 20.7.

Obstáculo #7: Los que dudan no pueden tener fe

Finalmente, algunos pueden pensar que no tienen fe debido a que también *dudan.*

Carl y su esposa, Marlene, eran una de esas parejas que a todo el mundo le gustaría ser. Tenían buenos hijos y una preciosa casa en la orilla de un arroyo bajo los álamos. En la iglesia tenían una manera especial de hacer que todos se sintiera bien. Nadie trabajaba más duro ni parecía interesarse más. Casi siempre, Carl y Marlene eran los primeros en presentarse cuando alguien estaba en necesidad.

Entonces... ¡pum! Todo se detuvo. Nadie los vio en la iglesia durante varias semanas y ellos empezaron a perder contacto con lo que estaba ocurriendo.

Los Guilders, amigos de la iglesia, se detuvieron un día para visitarlos. Carl y Marlene saludaron a sus visitantes con cariño, sonrisas y refrescos. Pero en uno de esos incómodos silencios que vienen después de la conversación superficial preliminar, Carl dijo:

—Sé por qué están aquí, por supuesto. Se preocupan por nosotros y saben que en cierta manera nos hemos alejado.

—Así es, les echamos de menos —reconoció Jim Guilder—. Nos preguntamos si algo anda mal.

—En realidad, no —replicó Carl en un tono sin ninguna emoción—. Es simplemente que de nada sirve, eso es todo. Nunca tuve suficiente fe como para ser salvo. Vean, nunca puedo hacer lo suficiente. Muchas veces eché a un lado cosas bien importantes. Y otras me encolerizo contra la gente y no logro sobreponerme a eso. Siempre me pregunto por qué Dios hace las cosas como las hace... ¡si es que Él las hace! *Si una persona realmente tuviera fe, no se sentiría como yo.* Me parece que no hay manera en que un hombre como yo pueda ser salvo.

Como cientos de otras personas en las cuales me incluyo, Carl se había convencido de que no era un verdadero creyente, ¡porque tenía algunas dudas!

Como insiste este libro en varias maneras, *la fe no es la ausencia de dudas.* Usted siempre tendrá algunas incluso cuando esté en sus mejores tiempos. Las dudas no destruyen el significado de su fe. La fe normal y saludable está con frecuencia entretejida con duda, aun en sus etapas más maduras.

Recuerde que Ketar dijo: «Creo», pero añadió: «ayuda *mi incre-*

dulidad». Recuerde también mi afirmación de que la duda no es lo mismo que incredulidad. La duda puede conducir a la incredulidad y por eso debe resolverse, pero las dos, la duda y la incredulidad, no son necesariamente iguales.

Por lo general, en la Biblia la «incredulidad» tiene mucho más que ver con la desobediencia, en tanto que la «duda» oscila entre los polos de la creencia y la duda: tener «doble ánimo».[14] Pero estas distinciones no siempre son claras; los significados de las palabras que se traducen «duda» e «incredulidad» se sobreponen. Os Guiness lo explica:

> Hay ocasiones cuando la palabra *incredulidad* se usa para describir las dudas de quienes son definitivamente creyentes, pero sólo cuando están en una etapa de dudas que es racionalmente inexcusable y bien avanzada en el camino de llegar a convertirse en abierta incredulidad (e.g., Lucas 24.41). De manera que la ambigüedad en el uso bíblico de la incredulidad es una señal de astucia sicológica y no de confusión teológica.[15]

No es siempre fácil trazar la línea entre la duda y la incredulidad. Podemos rotular nuestras dudas como incredulidad, por ejemplo, cuando tememos que avanzan hacia la incredulidad y con la intención de derrotarlas antes de que lleguen a ese punto. Ketar al parecer lo hizo, nótese que dijo: «Ayuda mi *incredulidad*». Jesús, sin embargo, parece haber visto la lucha de Ketar como lo que comúnmente llamamos «duda». Incluso respondió al clamor del hombre como la oración de un creyente y sanó al hijo de Ketar.

Guiness prosigue para decir que lo importante:

> No es saber *cuándo* la duda se convierte en incredulidad (porque sólo Dios lo sabe y los intentos humanos para decirlo pueden ser crueles), sino que debemos tener claridad respecto a *dónde* conducen las dudas cuando crecen hasta convertirse en incredulidad.[16]

14 Os Guinness, *In Two Minds* [En dos mentes], InterVarsity Press, Downers Grove, IL, 1976, p. 28.
15 Guinness, *In Two Minds*, p. 28.
16 Guinness, *In Two Minds*, p. 28.

En otras palabras, nuestras dudas, en lugar de condenarnos transformándonos en incrédulos, pueden más bien estimularnos, al hacernos tener hambre de más fe y a ser un acicate para crecer.

Pero, ¿qué es la fe?

Las páginas anteriores no tienen la intención de ser un catálogo completo de definiciones distorsionadas. Muchas personas ya son creyentes, pero se autocondenan como dudosos porque están bloqueados por alguna variedad u otra de «fe de fantasía»: alguna atiborrada con cálidas nebulosas, o probada de forma empírica, o entendida por completo, o vivida perfectamente en la práctica, o inundada con victoria, o despojada de la duda. Es este capítulo sólo he tratado de aclarar el camino de la fe, echando a un lado algunos de estos conceptos errados.

Pero ya oigo que alguien dice: «Está bien, Lynn, ya estamos captando una idea bastante buena de lo que *no* es la fe. ¡Basta de lo negativo! Sencillamente, ¿qué *es* la fe?»

5

Lo que es la fe: Una definición andante

Un joven seminarista pidió una entrevista privada con el gran predicador Charles Haddon Spurgeon. A puertas cerradas, el joven balbuceó: «Creo que he perdido mi fe». Luego recitó una letanía de dilemas filosóficos, problemas textuales en las Escrituras, contradicciones entre la ciencia y la Biblia, y una hueste de otras cuestiones que había encontrado en sus estudios.

Después de escuchar la lista de dilemas, Spurgeon tronó: «Hijo, todavía no has oído ni la mitad. Esas dudas son juegos de niños. Cuando tengas tanto tiempo de cristiano como yo, enfrentarás dudas tan grandes que problemas diminutos como los que tienes no te molestarán en lo más mínimo».

Hoy encuentro consuelo en esa historia, pero por un tiempo me asustó y me frustó, en parte porque es semejante a mi experiencia.

Cuando empecé por primera vez a salir del «armario de la duda» y tímidamente confesé mis «oscuros secretos», me cuidaba de abordar sólo a quienes creía que eran muy piadosos, con inteligencia superior y, sobre todo, credenciales académicas impecables. Y sus respuestas me dejaban más confuso: Aunque mis confidentes me escuchaban con paciencia, los que más respetaba nunca mostraban sorpresa por mis preguntas y no daban «ninguna respuesta». Aún más, no parecían sentirse en nada amenazados por mi abultado fardo de dudas ni su carencia de respuestas.

Esta actitud al parecer indiferente desató incluso más preguntas intimidantes: «¿Es todo el liderazgo cristiano una vasta conspiración de tapar las cosas?» Me preguntaba: «¿Es la fraternidad de liderazgo cristiano, en lo más profundo, como la multitud que aplaudía los nuevos vestidos del emperador?» ¿Están fingiendo creer debido a que quieren encajar con los demás?

Un viaje de descubrimiento

Entonces vino aquella mañana de octubre de 1966, cuando tres de nosotros nos montamos en un viejo automóvil y nos fuimos por la carretera Trans-Canadá saliendo de Kelowna, Columbia Británica, y nos dirigimos hacia el este a través de las Rocosas canadienses rumbo a las praderas de Saskatchewan. Esas extensas carreteras serpentean por lugares inmensamente solitarios. Durante varias horas, en verdad, conducimos fuera del alcance de las estaciones de radio. De modo que pasábamos el tiempo turnándonos para leer la Biblia. La abrimos al azar y nos sumergimos en la carta a los Romanos.

Por alguna razón los viejos versículos cobraron un fresco significado ese día. En los primeros tres capítulos nos calmó el descubrimiento de que «todos pecaron»[1] y que «todos los que[...] han pecado[...] serán juzgados».[2] Pero entonces tropezamos con noticias más alentadoras: ¡Dios se interesa! Debido a su increíble amor por nosotros, por su gracia envió a Jesús. Al confiar en Él, cualquiera puede ser salvo.

Mi ánimo se elevó. «Sencillamente, piénsalo», me dije, «hasta puede haber esperanza para alguien como yo. Tal vez Dios está en realidad de mi parte. Todo lo que necesito hacer es entregarle mi vida y confiar en Él para que me salve».

Pero el cuarto capítulo derribó mis esperanzas: «Sólo creer... ¡como Abraham!»

«De modo que, ¿cuál es el quid del asunto», cavilé. «Todo lo que nosotros, pobres pecadores, necesitamos hacer es sencillamente creer, ¿verdad? ¡Como Abraham! ¡Vaya, denme un respiro! ¿Yo? ¿Creer como Abraham? ¿Quién piensan que soy?»

Sentí que de nuevo me hundía en la desesperación. Es más, mientras avanzábamos por las Rocosas y meditaba en lo leído, en realidad empecé a enfadarme contra Dios.

¿Por qué? Había conocido a Abraham en mis libros de historias bíblicas infantiles. Su semblante se asomaba desde aquellas páginas

1 Romanos 3.23.
2 Romanos 2.12.

en amarillo brillante, con una larga barba blanca. Violeta sombrío marcaba sus nudillos impresionantes y se destacaba en su vestidura del otro mundo. En cada cuadro, Abraham contemplaba con semblante sombrío el cielo púrpura salpicado con unas pocas estrellas de color amarillo pálido.

El Abraham de mi recuerdo era *un personaje bíblico* estrafalario, una especie de superhombre espiritual. Pero cuando le confesé esto a mi amigo Stanley, él me rectificó. «¡No son personajes bíblicos!», me dijo casi en tono de broma. «¡En la Biblia todos son sólo personas como tú y como yo que por casualidad estuvieron por allí cuando se escribió la Biblia!»

¡Ese pensamiento me intrigó! A Abraham se le llama «el padre de la fe»: la definición andante de la fe tanto en el Antiguo como en el Nuevo Testamentos. Pero no era un personaje bíblico, sino sólo un ser humano, como yo. Tal vez, al igual que yo, también tropezó al recorrer una carrera accidentada de fe.

Pensar que era igual, un ser humano, que recorría el mismo camino de la vida, me intrigó. ¡Tenía que saber más respecto a este hombre! De modo que regresé a Génesis, donde su historia aparece por primera vez en las Escrituras, y volví a leer el relato del padre de la fe.

Antes de finalizar dos versículos, ¡me tropecé con otro asombroso descubrimiento respecto a la fe de Abraham!

Sí, Señor, pero...

De acuerdo a Génesis, el Señor llamó a Abraham: «Vete de tu tierra y de *tu parentela*, y de *la casa de tu padre*, a la tierra que te mostraré». Luego viene una línea reveladora: «Y se fue Abram, como Jehová le dijo; y *Lot fue con él*».[3]

¡Ups! No se pierda esas últimas cinco palabras. Al padre de la fe se le dijo que se fuera y dejara a sus parientes detrás. Es evidente que tenía suficiente fe como para ir, ¡pero no como para ir solo!

Así, para empezar, el padre Abraham *desobedeció al Todopoderoso*. Llevó consigo a su sobrino. Es más, llevó también a su padre durante

3 Génesis 12.1,4.

parte del camino, a pesar de las instrucciones específicas de no hacerlo.

Mientras descendíamos por las faldas orientales del paso Kicking Horse, estaba considerando una emocionante posibilidad, que parecía ser demasiado buena como para ser verdad. Al principio, era nada más que una pregunta tentativa en la que empecé a cavilar: «¿Podría una persona en realidad creer y dudar al mismo tiempo?»

¿Por qué?, ¡puedo creer así! ¿Y usted?

A guisa de ejemplo, puedo confiar en Dios cuando Él dice que es más bienaventurado dar que recibir. De modo que doy algo, pero también retengo algo: «Sé que Dios dice que es más bienaventurado dar, pero, ¡sólo por si acaso...!» Dios puede ser lo suficiente generoso que, si su principio resulta cierto, quizás yo reciba un poco de la bendición. Pero a lo mejor también guarde algo, de modo que «mi pequeña reserva» me dé una bendición si Dios no me la da.

¡Suena como el juego de Abraham! «Sí, Señor, sé que me has dicho que vaya al otro lado de la tierra a algún lugar desconocido y que deje a todos mis parientes detrás. Ahora, si no te importa, dejaré detrás a la *mayoría*. Pero, ¿no podría llevarme a mi papá y a mi sobrino? Sólo en la primera etapa del viaje, por supuesto. Permíteme empezar esto despacio, como quien se mete en una tina de agua caliente. En la segunda etapa del viaje, sólo me llevaré a mi sobrino...»

Francamente, hago mucho de esta clase de «creer». ¿Qué tal usted?

Se ríe en la cara de Dios

Más adelante, al seguir la historia, *Abraham literalmente se rió en la cara de Dios.* Dios bendijo a Sara y le dijo a Abraham: «Te daré de ella hijo».[4]

Y ahora, permítame citar la respuesta de Abraham, en traducción libre: «¡Ja, ja, ja, ja, ja, ja, ja...!» Más literalmente: «Se postró sobre su rostro, y se rió, y dijo en su corazón: ¿A hombre de cien años ha de nacer hijo? ¿Y Sara, ya de noventa años, ha de concebir?»[5]

«Señor, ¡bromeas!»

Ahora bien, la pregunta siguiente no tiene ninguna intención de

4 Génesis 17.16.
5 Génesis 17.17.

ser chistosa, pero, ¿conoce a *alguien* que, después de oír directamente a Dios, haya caído retorciéndose de risa por las absurdas promesas del Todopoderoso? ¿Alguien? Sí, yo batallaba con muchas dudas, pero no podía imaginarme riéndome en la misma cara de Dios. Abraham lo hizo. ¿Qué clase de fe es esta?

Medité en la fe del «padre de la fe» mientras avanzábamos y cruzamos el lago Louise. En algún punto al oeste de Calgary empecé a darme cuenta: «Después de todo, a lo mejor no soy un incrédulo sin esperanza».

Fracaso en la confianza

Pero hay más en la historia de Abraham. Quedé estupefacto al descubrir que Abraham *se enredó con la criada.*[6] Sara, la esposa de Abraham, no le había dado hijos. Le dijo a Abraham: «Como Jehová no *me ha* dado hijos —dijo Sarai—, puedes dormir con mi esclava, y sus hijos serán mis hijos» [La Biblia al día].

Abraham no protestó. Uno esperaría que el padre de la fe dijera algo así: «¿Por qué?... no, mujer. Esto sería desobediencia. Y además, Dios cumplirá su promesa». Pero no. Abraham dijo: «Está bien, señora» (mi traducción libre), y se fue a acostar con la criada. Entonces Sara se puso celosa por el embarazo de la criada. Le echó la culpa a Abraham y le hizo a Agar la vida tan miserable que esta huyó al desierto. Increíble como suena, Abraham se amilanó y le dijo: «Sí, señora, como tú quieras», y ayudó a Sara a echar fuera a la sirvienta encinta para que se muriera de hambre en el desierto.

¡Abraham! ¡No puedo creer que hiciera eso!

Muchas veces le he partido el corazón a Dios con mis profundos pecados y rebeliones, de modo que no puedo jactarme de ninguna bondad de mi parte. Pero, sinceramente, ¡nunca hubiera hecho algo semejante a lo que Abraham hizo!

Por supuesto, ¡Carolyn nunca me ha sugerido que me vaya a acostar con la criada! Como tenemos cuatro hijos, ¡Carolyn y yo nunca hemos estado desesperados por tener un hijo! Y, a pesar de mí mismo, no puedo imaginarme empujando a Carolyn a que eche fuera a una

6 Génesis 16.1-7.

muchacha encinta para que se muera de hambre en el desierto. De modo que, ¿soy más justo que Abraham?

No, a Abraham no podemos imponerle nuestros valores neotestamentarios. Dormir con la criada con el propósito de concebir un hijo no era considerado gran cosa en la época de Abraham. Usted y yo estamos moldeados por un juego diferentes de normas culturales.

Sea como sea, ¡Abraham continuó cometiendo pecado de intensidad industrial! Lo que estremece aquí es la *incredulidad* de Abraham.

Por un lado creyó a Dios, pero los años pasaron y el hijo de la promesa no nacía. Abraham y Sara envejecían demasiado como para tener hijos. Abraham parece que pensó que acostarse con la criada sería ayudarle a Dios a cumplir su promesa. Creyó, está bien, pero la desobediencia y la duda también se entremezclaron con su fe. (¿Piensa que a lo mejor hasta se preguntaba si el seguro médico del gobierno cubriría el embarazo?) Puedo creer hasta eso. ¿Lo creería usted?

La fe de un cobarde

Todavía no hemos concluido con la extraña historia de Abraham. En adición a lo mencionado, Abraham en realidad le *prestó su esposa* a otro hombre.[7]

Sara debe haber sido «despampanante» en sus setenta. Abraham estaba seguro de que era lo suficientemente atractiva como para que alguien la deseara. Es más, cuando ambos se encontraban en Egipto, Abraham le dijo a Sara: «Tú eres muy hermosa[...] y cuando los egipcios te vean van a decir: "Esta es su esposa. Matémoslo para que podamos quedarnos con ella"». Y así le dijo a Sara: «Pero si tú dices que eres mi hermana los egipcios me tratarán bien y salvaré la vida».[8]

¡La suposición de Abraham era correcta! Sara llamó la atención al rey y acabó en su harén. Por consiguiente, Dios envió enfermedad a la casa del Faraón. Cuando este se dio cuenta de que la nueva mujer en su casa le estaba causando esta aflicción, rugió a Abraham: «¿Por qué no me dijiste que era tu esposa?»[9]

Esta historia me hizo saltar. Aquí tenemos a un hombre con su-

7 Véase Génesis 12.10-20.
8 Génesis 12.12-13, La Biblia al día.
9 Génesis 12.18, La Biblia al día.

ficiente fe en Dios como para abandonar su casa y sus parientes, y atravesar toda la tierra en busca de algún fantasmagórico lugar prometido. Sin embargo, cuando se encuentra contra la pared, ¡en efecto, prestó a su esposa! Parece que no estaba seguro de que Dios le protegería de la lujuria implacable de Faraón.

¿Por qué lo hizo Abraham? La respuesta tiene que ser la *duda*. Tenía miedo... y el temor es una forma de incredulidad. Abraham, como Ketar y yo, creyó, pero necesitaba *ayuda en su incredulidad*. (Sí, Virginia, *es posible* experimentar fe e incredulidad al mismo tiempo.)

Fe e incertidumbre

Y a la larga, ¿a dónde lo llevó la historia de fe de Abraham? Él recibe un enigmático comentario final en el Nuevo Testamento. El escritor de Hebreos nos dice que al seguir a Dios, Abraham miraba «de lejos» no sólo un hogar y un hijo, «sino la ciudad que tiene fundamentos, cuyo arquitecto y constructor es Dios».[10] Abraham y las demás personas del Antiguo Testamento, desde Abel hasta los profetas, «conforme a la fe murieron».[11] Y «aunque alcanzaron buen testimonio mediante la fe, no recibieron lo prometido».[12]

El padre de la fe, en otras palabras, no recibió todo lo que esperaba de su fe, no recibió todo aquello por lo cual creyó a Dios. Aunque vivió para llegar a una nueva tierra y ver el hijo prometido, no participó en la realización de cada cosa que Dios le prometió.

¿Qué nos dices Abraham?

A la mayoría nos criaron como para creer que tener fe significa estar tan convencidos de lo que creemos, que todas las dudas quedan totalmente erradicadas y, por consiguiente, cada conducta pecaminosa queda excluida de la vida. ¿No significa la fe real que no tememos nada? Y, ¿no significa la fe que nuestras oraciones serán contestadas y que lograremos ver los resultados de nuestra creencia?

Tal vez. Pero no cabe duda que esto no era lo que significaba la fe para Abraham, ni para la mayoría de fieles en todas las edades.

Cerré el libro sobre Abraham cuando nos acercábamos a Medicine, Alberta. Para entonces ya había empezado a ver con nuevos ojos

10 Hebreos 11.10.
11 Hebreos 11.13.
12 Hebreos 11.39.

muchas cosas antes ocultas para mí. Las palabras de Ketar invadieron mi confusión como un enceguecedor rayo de luz atravesando una cueva oscura: «Señor, creo, pero *ayúdame a vencer mi incredulidad*».

¡Eureka! La aurora se abrió paso en mi alma a medida que la pregunta interna se convirtió en una afirmación externa: «*Es* posible creer y ser "incrédulo" al mismo tiempo». La *Biblia* lo dice así.

La lucha es fe

La saga épica de Abraham, a quien se le llama nada menos que «el padre de la fe», revela una vida entera de una mezcla de confianza y temor, fe y duda. Y Abraham no está solo. En el viaje de regreso por las Rocosas empecé a devorar con ansiedad los muchos relatos de fe y duda que se desarrollan a través de toda la Biblia. ¡Y quedé estupefacto por la impactante sinceridad emocional con que muchos de los personajes del Antiguo Testamento se atrevieron a desafiar al mismo Dios!

El libro de Job, por ejemplo, no sigue ninguna línea de historia agradable. Por el contrario, nos envuelve en la asombrosa prueba de la fe de un hombre. Job era un buen hombre, fiel. Cosas brutales le ocurrieron, aunque no por culpa suya. Y Job no aceptó estos problemas mansamente. Más bien, exigió: «Mas yo hablaría con el Todopoderoso, y querría razonar con Dios».[13] En sus últimos discursos Job le endilga a Dios todo ejemplo de injusticia en los que pudo pensar.

No se apresure a la conclusión de la historia de Job y yerre el impacto de sus palabras dolorosamente sinceras. Como Phillip Yancey lo dice: «Uno no espera hallar los argumentos de los más grandes adversarios de Dios, por ejemplo, *Letters from the Earth* [Cartas desde la tierra] de Mark Twain, o *Why I Am Not a Christian* [Por qué no soy cristiano] de Bertrand Russell, en el centro de la Biblia».[14] Pero allí están, sin la rúbrica de Twain o Russell. Aun cuando Job se aferra a Dios, rehúsa echar a un lado la evidencia o hacerse de la vista gorda a lo que es claramente una mala situación.

Lo que Phillip Yancey notó respecto a la franqueza de Job hacia Dios se muestra a menudo en las Escrituras. Los métodos de Dios no

13 Job 13.3.
14 Phillip Yancey, *Desilusión con Dios*, Editorial Vida, Deerfield Beach, FL, 1990 (p. 233, del original en inglés).

siempre recibieron la aprobación de Jeremías tampoco, por ejemplo, y el profeta no se cohíbe en decirlo así: «Alegaré mi causa ante ti. ¿Por qué es prosperado el camino de los impíos, y tienen bien todos los que se portan deslealmente?»[15]

¡Incluso el fogoso Juan el Bautista dudó! Juan trajo a cuestión la afirmación más central de su vida con esta pregunta escéptica: «¿Eres tú el que había de venir, o esperaremos a otro?»[16] Y como Earl Palmer comenta respecto a la pregunta de Juan: «Estas son dudas que estremecen al mundo, porque proceden de un hombre que una vez estuvo muy seguro respecto a la piedra angular del cimiento del mundo».[17]

Las historias de los grandes creyentes, yendo desde Abraham hasta Job, desde Ketar hasta el dudoso Tomás, se abren paso directamente a través de una lucha entre la fe y la duda. Quizás, hasta el mismo Jesús dio permiso a la angustia, incluso a la duda, cuando clamó: «Dios mío, Dios mío, ¿por qué me has desamparado?»[18]

Como el brillo fresco de la aurora de Saskatchewan, esta perspectiva me inundó con una posibilidad esperanzadora: *La duda no es del todo condenable.*

Como mi amigo André Resner dice: «La lucha con Dios no es falta de fe. ¡*Es* fe!»[19] Es más, ¡la fe saludable contiene abundancia de dudas saludables! «Tal vez no estaba enfermo ni pervertido ni era malvado en todos estos años de patear piedras por los caminos de mi niñez y de hacer rodar guijarros en las colinas de mi edad adulta», me di cuenta. «¡Mi fe quizás fue bastante normal!»

Fe que no se rinde

¡Cuidado ahora! Esta saga no sugiere que si en verdad quiere relacionarse con Dios en un programa al estilo de Abraham, debiera:

- desobedecer a Dios,
- reírse en la cara de Dios por sus promesas,

15 Jeremías 12.1

16 Lucas 7.19.

17 Earl Palmer, *A Faith That Works* [Una fe que obra], Regal, Ventura, CA, 1985, p. 106.

18 Mateo 27.46.

19 André Resner, *Grief and Faith—Three Profiles of Struggle in the Face of Loss* [Aflicción y fe: Tres perfiles de la lucha al enfrentar pérdida], Conferencias anuales, Universidad Pepperdine, Malibu, CA, 19 de abril de 1989.

- acostarse con la criada,
- echar al cruel desierto a una mujer encinta,
- o prestar su esposa a un rey lujurioso.

¡Obviamente que no! No, la idea no es imitar *las equivocaciones* de Abraham, sino que mediante sus *dudas*, ¡adquirir una comprensión más clara de la fe!

Pero no se apresure. Hay otra cosa importante que aprender de Abraham. *La fe puede dudar, pero no se rinde.*

Abraham creyó a Dios. Una vez que dejó de reírse, creyó que Dios podía darle un hijo incluso en los años avanzados, tanto los de él como los de Sara. Creyó que Dios le daría una nueva casa, un nuevo lugar donde establecerse. Abraham se decidió en base a las promesas de Dios... y salió. Creyó a Dios lo bastante fuerte que, a pesar de sus temores y aprensiones, cuando Dios le dijo «vete», Abraham emprendió el camino. Levantó su pie izquierdo y lo colocó delante del derecho, con sus dedos apuntando en dirección a la tierra que no había visto. Entonces colocó su pie derecho delante del izquierdo. Y Abraham continuó levantándolos y asentándolos. Continuó caminando. Y caminando. Y caminando.

Abraham siguió andando incluso cuando parecía que no había gran evidencia de que estaba yendo a alguna parte.

Imagínese lo que pasaba por el corazón de Abraham todo este tiempo. Debe haber experimentado períodos de duda aplastante, temor y hasta sentimientos de rebelión, pero no se detuvo. ¡Qué enorme lucha debe haber librado la voluntad de Abraham simplemente para continuar colocando un pie delante del otro!

Seguro que Abraham se preguntó: «Ah, vamos. ¿Dónde está ese bebé que Dios le prometió a una mujer de noventa años y a un hombre de cien? Todos estos años han pasado desde que Dios lo dijo y no hay ningún muchacho que juegue alrededor de mi tienda. Además, he viajado casi toda la vida y aún no he llegado a ninguna parte».

¡Pero Abraham seguía caminando!

¿Piensa, conforme los años y los kilómetros quedaban atrás, que Abraham se preguntaba: «¿Estoy seguro de la noche en que Dios me hizo estas promesas? Esto fue hace mucho tiempo. ¿Le oí bien? ¿Oí en realidad algo después de todo? ¡Tal vez simplemente comí demasiado cordero y ajo antes de irme a la cama aquella noche y soñé todo este asunto!»

¿Podía Abraham haber ido al punto de preguntarse, como usted y yo tal vez lo hemos hecho: «¿Está Dios realmente en alguna parte? Si es así, ¿puede dar lo que promete? O, ¿se ha olvidado *de mí*?»

Pero a pesar de sus dudas, Abraham continuaba poniendo un pie delante del otro. Arriba y abajo. Seguía caminando. Durante toda su vida persistió en ir tras la decisión inicial que tomó de creer a Dios y la Biblia dice que «le fue contado por justicia».[20]

Dios no llamó a Abraham en base a la capacidad de este de saber lo correcto, pensar lo correcto, hacer lo correcto o estar libre de dudas. Por el contrario, Dios acreditó justicia a la cuenta de Abraham debido a que este nunca se dio por vencido en su relación con Dios.

Abraham decidió confiar en Dios y así se encaminó en dirección a Él a pesar de las ocasiones en que vacilaba en dudas. Y Dios honró eso. No parecía interesarle la distancia que Abraham cubrió ni la velocidad a la que viajaba, ni tampoco el rumbo que llevaba ni que persistía en avanzar. Perseverancia. De seguro que eso es lo que Dios quiere también de nosotros.

La cuestión de fondo de la fe

Así, esto nos trae a la cuestión de fondo: ¿Qué es la fe, estilo de Abraham?

La fe es, en su médula, un compromiso voluntario. Es una decisión tomada a favor de Dios, una decisión de la voluntad de continuar avanzando en dirección a Él. Es perseverancia a pesar de los obstáculos que la duda interponga en el camino.

Cuando examinamos el curso de la historia de los personajes fieles en la Biblia, hallamos que la raíz principal de su fe es la misma. La fe empieza con una decisión que persiste en tomarse día tras día de confiar en Dios. De paso en paso. ¡Suceda lo que suceda!

Sin embargo, tomar una «decisión voluntaria» no significa que podemos endurecer nuestra cerviz y «conseguir» gran fe. En lugar de eso, significa que rendimos a Dios nuestra voluntad. Decidimos encaminarnos en dirección a Dios, tomar el serpenteante camino que Él indica. En otras palabras, la validez de nuestra fe no yace en la fuerza de voluntad, sino en Aquel en el que decidimos confiar.

20 Génesis 15.6; véase también Romanos 4.9,22.

El libre albedrío de la voluntad humana en la presencia de la soberanía de Dios presenta un gran misterio. Desconozco por qué una persona elige confiar y otra no.

Por ejemplo, conozco un par de gemelos idénticos que crecieron en el mismo hogar. Estuvieron expuestos a las mismas influencias externas y la crianza de los mismos padres. Sin embargo, uno de ellos decidió confiar en Dios y es un hombre de gran carácter y vasta influencia positiva. Su vida ha llevado mucho fruto espiritual. El otro, eligió sus propios caminos engañosos y es un desastre físico, ético y espiritual. ¿Por qué? Quién sabe. Cada uno de nosotros puede ser responsable de sus elecciones.

Y la opción, de nuevo, queda totalmente a nuestro albedrío. La Biblia lo dice muy claramente: «El Espíritu y la Esposa dicen: Ven. Y el que oye, diga: Ven. Y el que tiene sed, venga; y el que quiera, tome del agua de la vida gratuitamente».[21]

Desde la perspectiva de Dios, la fe es un regalo, un don. Desde nuestra perspectiva humana la fe empieza con una elección, *una decisión de la voluntad*. Y nuestra fe crece conforme avanzamos y perseveramos en escogerla o al menos optar por *quererla*, incluso cuando parece no haber razones para creer.

Siga caminando

Su fe puede estar entretejida con dudas, especialmente en ciertos períodos del viaje. Así es. No se llame incrédulo porque algunas veces no se sienta creyente. O por las dudas que tiene en su corazón. O porque ha cometido una equivocación... soberanamente.

En lugar de eso, persista en caminar. Fije su voluntad. Persevere en confiar. Sí, sople para avivar esa pequeña chispita de fe hasta convertirla en llama viva. Alimente ese pequeño fuego de cualquier manera que pueda. No se aleje de él.

A veces le parecerá: «Si me convierto a vivir como Cristo, a lo mejor me pierdo algo del gusto de la vida». Olvídelo, siga caminando.

«Pero usted no sabe lo que hice el sábado pasado por la noche. No debo tener mucha fe o de lo contrario no hubiera hecho lo que

21 Apocalipsis 22.17.

hice». Levántese y siga caminando. Si no puede caminar, gatee. Es mejor gatear en dirección a Dios que rendirse.

«Ya he tratado tan arduamente y por tanto tiempo de aprender cómo amar a las personas, pero todavía parezco estar muy lleno de amargura. Me pregunto si las promesas de Dios son ciertas, aunque sea para mí». Siga caminando. No se rinda.

Requiere muy poca fe dar el primer paso, ¡de modo que délo ahora! Él irá con usted desde allí, le levantará cuando caiga y le llevará en sus brazos cuando su fuerza se le acabe. ¡Esas son buenas noticias! Cuando no confiamos en nosotros mismos, ¡podemos confiar en Él! De modo que a veces cuando lo estropeamos todo y dudamos o no sentimos nada, podemos simplemente seguir avanzando, seguir caminando en su voluntad. ¡Eso es fe!

No alce las manos diciendo: «¡Bah! Me parece que no creo. ¡Me daré por vencido y eso es todo!» Esto es precisamente lo que Satanás quiere cuando la duda ataca. Pero Dios sabe cómo se siente usted. A través de Abraham, y todo el elenco del drama bíblico, Dios le dice: «Comprendo cómo te sientes. Lo sé muy bien. ¡Pero no te rindas! El padre de la fe también tuvo sus problemas peculiares, pero siguió caminando».

Dogwood, un grupo musical de Nashville, grabó una canción hace algún tiempo que subraya esta definición andante de fe:

> ¿Estás cansado de hacer el bien
> Andando por el camino a la Nueva Jerusalén?
> ¿Estás esperando y orando
> Esperando cualquier minuto que el Señor venga?
> Y, ¿observas muchos lugares que parecen placenteros
> En donde pudieras tal vez echarte y tomarte un descanso?
> Y si echas un vistazo a todos los rostros que están allí
> Su tristeza te dirá que es mejor
> seguir...
> Seguir caminando, no sabes cuánto camino has recorrido.
> Seguir caminando, porque por todo lo que sabes puede hacerse
> Y el Padre puede estar de pie allí mismo ahora mismo
> Para darte un llamado, y acabarlo todo, de modo que sigue caminando.[22]

22 «Keep on Walkin'» [Sigue caminando], escrito por Steve y Annie Chapman, Copyright © 1976 Monk and Tid Music. Admin. exclusiva por LCS Music Group, Inc., P.O. Box 815129, Dallas, TX 75381.

Pero, ¿cómo da el primer paso? ¿Cómo viene la fe? Consideremos ahora los pasos en nuestro viaje de fe.

Parte III

En cierta manera sí creo, pero, ¿por qué mi fe es diferente a la suya?

¿Cómo podéis vosotros creer,
pues recibís gloria los unos de los otros,
y no buscáis la gloria que viene del Dios único?

JUAN 5.45

6

Etapas de la jornada

En todo mi viaje de la fe, la duda periódica me ha mordido los talones. Sin embargo, la mayor parte del tiempo también he anhelado fervientemente una creencia en el Dios de mi padre y participación en la familia de Él. Nutrido desde la infancia en el abrazo de un compañerismo cristiano estrecho, dependía de la iglesia para mucho de mi seguridad e identidad. No obstante, siempre me preguntaba: «¿Me aceptarían si supieran que realmente no creo?»

Por el espejo retrovisor veo que mucho de lo que llamaba «incredulidad» no era tal cosa. En realidad, no era un incrédulo. Sencillamente no creía todo lo que mi comunidad de fe esperaba que creyera, ni tampoco creía con la misma simplicidad e intensidad que veía en las personas cuya fe respetaba.

En ese entonces, sin embargo, me perturbaba cada vez más lo que percibía como una falta de integridad de mi parte. ¿Era un hipócrita, profesando creencia por fuera mientras albergaba serias dudas por dentro? Anhelaba fervientemente la aprobación de mi círculo de creyentes, de modo que aprendí a esconder mis preguntas, pero me carcomía la culpa por mi farsa.

Entonces hice tres descubrimientos centrales que me ayudaron a dejar la culpa y empezar a avanzar de nuevo por el camino de la fe.

Los dos primeros ya los hemos examinado:

Primero, empecé a comprender que dudar es parte de una fe saludable.

Segundo, aprendí que la fe, en su raíz, es una decisión de la voluntad, no una sensación, ni un logro.

Y entonces hice lo que para mí fue, y lo ha sido para muchos antes que yo, un descubrimiento central: *La fe madura casi nunca viene toda de una sola vez... y no tiene que parecer exactamente igual en todos los creyentes*. Como el desarrollo físico y emocional, la fe por lo general crece mediante una serie de etapas previsibles y, sin embargo, preserva la singularidad personal al mismo tiempo.

Para algunos afortunados, la fe parece venir toda de una sola vez: en el fogonazo de una visión, una experiencia dramática de conversión, un salto existencial o algo parecido. Pero no actúa así para la mayoría. Y un examen más detenido puede revelar que incluso estos «creyentes instantáneos» crecen por etapas de desarrollo. Algunos pueden cruzar vertiginosamente a un ritmo tal, que es difícil llamarlos «etapas». Otros tal vez no han estado conscientes de los procesos que obran durante las diversas fases del desarrollo de su fe. En cualquier caso, la fe para la mayoría es una cuestión de empezar en algún punto y avanzar a partir de allí.

Este «principio de desarrollo» lo noté en la literatura del área de la sicología del desarrollo. Luego empecé a percatarme que la Biblia también lo respalda. El apóstol Pedro, por ejemplo, dijo que empezamos en la fe como «niños recién nacidos», que desean «la leche espiritual no adulterada, para que por ella [*crezcamos*] para salvación».[1] Pablo lo aprobó: «Debemos siempre dar gracias a Dios[...] por cuanto [*nuestra*] fe va creciendo».[2]

Esto, por supuesto, es otra razón por la cual el amigo Ketar pudo decir: «Creo, pero, ¿podrías *ayudar mi incredulidad*?» Mas por increíble que esto pareciera, no sabía que crecer en etapas de fe era normal y saludable. Por consiguiente, rotulé todas mis dudas como «incredulidad» y toda mi vacilación y preguntas como «perversidades» por lo peor, o «inestabilidad» por lo mejor. No necesitaba recorrer esas crestas y valles con tal sentido de desesperación.

Imagínese mi emoción cuando la perspectiva de la sicología de desarrollo y las fuertes señales de las Escrituras se confirmaron con la literatura actual del desarrollo de la fe. Todo esto me dijo que mi experiencia era más bien normal. Donde la duda pateó piedras, la fe ahora florecía como azafranes.

Quizás usted se haga eco conmigo. Tal vez también se identifique personalmente con estas temporadas específicas de crecer en fe y las hallará provechosas.

1 1 Pedro 2.2, cursivas añadidas.
2 2 Tesalonicenses 1.3, cursivas añadidas.

Numerosos escritores me han ayudado a explorar las etapas de la fe y sus implicaciones para nuestros tiempos de duda. James Fowler, abundando sobre Erik Erickson, proyectó seis etapas distintas en el desarrollo de la fe. Janet Hagberg y Robert Guelich describen cuatro etapas, luego una «muralla» y después añaden dos etapas más. Sharon Parks y varios otros agregan una dimensión adicional al concepto del desarrollo de la fe.[3]

Ninguna de estas descripciones del desarrollo de la fe es «el correcto»; cada una es sólo un paradigma, una «manera de verlo». Para el propósito de este libro seguiré la pista y cuadro del desarrollo de la fe que John Westerhoof señala que ocurre en cuatro etapas:[4]

- la infancia de la fe,
- la niñez de la fe,
- la adolescencia de la fe,
- la edad adulta de la fe.

La infancia de la fe

La fe primero se «experimenta» antes de que en realidad se escoja, dice Westerhoff.[5] Usando la terminología de Westerhoff, veo esta primera etapa del desarrollo de la fe como su «infancia»: cuando una persona simplemente no «tiene fe», sino que más bien experimenta la fe de otros.

Un niño que nace en una familia de creyentes primero siente los abrazos de la fe y oye «a Dios hablar» como parte de la trama de la vida de su familia. Al irse a la cama, su fe infantil ora: «Ahora voy a dormir» o canta «Cristo me ama» como le han enseñado. En esta etapa, incluso una muy saludable básicamente «fe experimentada», sólo se abriga al rescoldo de la fe de otras personas.

Sin embargo, aun cuando la fe «infantil» se experimenta a menudo en la infancia biológica, esto no siempre es así. Por ejemplo, un incrédulo de setenta y cinco años puede pasar sus últimos años en

3 James W. Fowler, *Stages of Faith* [Etapas de la fe], Harper, San Francisco, 1981; Erik H. Erickson, *Childhood and Society* [La niñez y la sociedad], Norton, NY, 1950; Janet Hagberg y Robert A. Guelich, *The Critical Journey* [El viaje crítico], Word, Dallas, 1989; Sharon Parks, *The Critical Years* [Los años críticos], Harper, San Francisco, 1986.

4 John Westerhoff, *¿Tendrán fe nuestros hijos?*, Editorial La Aurora, Argentina (pp. 89-101 del original en inglés).

5 *Ibid.* (p. 91 del original en inglés).

la casa de una hija cristiana y su familia, y por primera vez «experimentar» la fe en su ancianidad. Y aunque en cierto momento puede hasta parecer creer «de una sola vez», en realidad ha atravesado una infancia espiritual antes de llegar a la fe.

La fe experimentada es una puerta natural y saludable a creer. Sin embargo, no es robusta ni madura. El desarrollo saludable de la fe, como el físico o sicológico saludable, no se detiene en la infancia, sino que crece y cambia, avanzando hacia la madurez.

La niñez de la fe

Después de la «infancia» viene la «niñez» de la fe, que por supuesto no necesariamente ocurre durante la niñez biológica. En esta etapa la persona cree ciertas cosas porque está afiliada a un grupo que las creen. Westerhoff nombra esta etapa como la fe «de afiliación».

La fe de afiliación es típica en el adolescente que recita el dogma de la iglesia, aun cuando puede explicar muy poco por qué lo cree. O cuando la niñez de la fe ocurre durante la edad adulta biológica, puede involucrar una lealtad denominacional entusiasta, memorizar y repetir pasajes bíblicos, aceptación sin cuestionar las «reglas» de la congregación. Y, en definitiva, implica abrazar lo que el grupo da por sentado que integra la fe.

La fe de afiliación, como la experimentada, es una etapa normal en el sendero del desarrollo de la fe, siempre y cuando no nos estacionemos allí. Las Escrituras nos advierten específicamente en contra de «atascarnos» en la niñez de la fe:

> Porque debiendo ser ya maestros, después de tanto tiempo, tenéis necesidad de que se os vuelva a enseñar cuáles son los primeros rudimentos de las palabras de Dios; y habéis llegado a ser tales que tenéis necesidad de leche y no de alimento sólido[...] pero el alimento sólido es para los que han alcanzado madurez, para los que por el uso *tienen* los sentidos ejercitados en el discernimiento del bien y del mal.[6]

No permita que la ligeramente distinta metáfora (el término «infante») le saque por la tangente; el escritor de Hebreos hablaba di-

6 Hebreos 5.12,14, cursivas añadidas.

rectamente a quienes en su desarrollo espiritual se quedaron atascados en el nivel de *afiliación*, quienes aún dependían de otros a su alrededor para que les dijeran lo que tienen que creer.

La fe que se atasca en este punto se vuelve frágil y defensiva. Evade el examen intelectual y a veces no puede luchar con puntos de vista alternos; así, tiende a ser introvertida, sectarista y aislada.

Eso fue lo que le ocurrió a Amy.

A los setenta años de edad, Amy conoció «la verdad». Estaba segura de ello. No era despiadada, ni pleitista... ni siquiera santurrona. Pero pertenecía a una congregación que representa el ala más intransigente de una denominación extremadamente intolerante. Y no podía lograr pensar fuera de sus categorías religiosas. Era demasiado peligroso. Podía confundirse. Se podría tragar algún error doctrinal. De modo que evadía a las personas que pensaban diferente a ella. Eso era fácil, porque todos sus amigos y familiares pertenecían a su denominación y se aferraban con igual tenacidad a «la verdad».

Pero entonces Amy fue a parar al hospital. Y poco después de llegar allá, pidió ver a su primo, Clarence, quien era ministro en su denominación. Le dijo que tenía algo terriblemente importante que conversar con él y con nadie más.

Clarence acercó la silla junto a la cama de Amy y le tomó la mano. Su mano temblaba y la ansiedad se dejaba ver en todo su semblante.

—¿Qué te ocurre, prima Amy?

—Ay, Clarence. Es terrible. No quise hacerle ningún daño, y era un hombre muy cortés. Pero necesitaba que vinieras y me dejaras preguntarte si hice lo correcto.

—¿De *qué* se trata, prima?

—Pues bien, tú sabes que la iglesia episcopal tiene un nuevo ministro y parece ser un joven muy amable. Visita a todo el mundo en el hospital, no sólo a sus miembros. Como sabes, los episcopales no creen lo mismo que nosotros. A decir verdad, por lo que veo, no creen tanto como nosotros. Pero Clarence, ese joven me preguntó si podía orar conmigo y... *¡se lo permití!* ¿Qué enseña nuestra iglesia al respecto? ¿Podré lograr perdón por lo que hice?

Por supuesto, la «fe de afiliación» puede ser menos estrecha que la de Amy; las personas de denominaciones más «abiertas» atraviesan asimismo esta etapa y también pueden atascarse en su desarrollo.

Además, las personas en esta etapa de la fe tal vez no acepten necesariamente todos los detalles en particular de la fe de un grupo con tanta seriedad como Amy lo hizo. Por cierto que algunos «creyentes de afiliación» rechazan en privado parte de lo que el grupo cree, mientras que en público siguen la corriente. Yo lo hice así. Y aun cuando es muy importante para ellos «pertenecer», piensan que son «incrédulos» o «escépticos», porque no creen en todo lo que su grupo cree. Una duplicidad interna y dolorosa puede resultar.

Tal vez sea más exacto decir que cuando la persona empieza a sentirse así, en realidad ha llegado a ser una «adolescente», deja de estar en la etapa de afiliación. Es posible. Pero esta puede ser una explicación demasiado simple. Una persona puede estar sintiendo los primeros escozores de la fe de adolescente o la que busca, y al mismo tiempo estar fundamentalmente en la etapa de afiliación.

Las categorías de Westerhoff no intentan definirse por cortes precisos. En realidad, una persona puede gravitar yendo y viniendo entre etapas, o puede en realidad estar en dos etapas a la vez. La fe puede ser de afiliación en un área de la personalidad, mientras que en otra está en la etapa de adolescencia o búsqueda.

Y esto explica en parte el porqué un muchacho de doce años que halló increíbles algunas dimensiones del Dios de mi niñez, mascullaba mi «incredulidad» mientras pateaba piedras por el camino. Sin embargo, lo que llamaba «incredulidad» era en realidad los primeros escozores de la adolescencia de la fe. Tenía problemas al creer lo que la fe de afiliación parecía esperar. Las respuestas del «grupo» dejaron de satisfacerme. Tenía que descubrir la fe por mí mismo.

La adolescencia de la fe

A nuestro hijo Jon, cuando tenía trece años, le gravitaba algo en su mente. Mientras conducíamos, jugueteaba con su asiento. Luego, lanzando un gran suspiro, preguntó:

—Papá, ¿qué tal si nuestra iglesia está equivocada?

—¿Por qué lo preguntas?

—Es que, sabes... nuestra iglesia lee la Biblia. Y algunos de mis amigos en la escuela la leen también en sus iglesias; pero ellos creen cosas diferentes a nosotros. ¿Qué tal si somos los equivocados?

—Pues bien, hijo, yo mismo no estoy plenamente de acuerdo con algunos puntos de nuestra iglesia.

—Eso es lo que me confunde. ¿Cómo sabes lo que es correcto?

—No hay tal cosa como una iglesia que está correcta, hijo; ninguno de nosotros tiene el monopolio de la verdad. Pero recuerda *quién* está en lo correcto. Jesús es «el camino, y la verdad, y la vida». Su palabra es verdad. De modo que, siempre confía en lo que dice la Biblia y sigue a Jesús... sin que importe lo que diga la iglesia.

—Pero, ¿qué tal si eso me aleja de nuestra iglesia?

—Eso podría ocurrir. Si no puedes seguir a Jesús y honrar a la Biblia en nuestra iglesia, esto quizás signifique que nuestra iglesia se ha alejado demasiado del camino. En ese caso, tal vez necesites dejarla... *si* la dejas para seguir a Jesús. Recuerda, sin embargo, que es posible que veas algunas cosas «equivocadas» en cualquier iglesia a la que te unas.

Siguió una larga pausa.

—Está bien. A lo mejor me quedo en nuestra iglesia.

¿Qué ocurría en esta conversación? Jon dejaba entrever las primeras señales de su paso a la siguiente etapa del desarrollo de la fe: la adolescencia. Por supuesto, al concluir esa conversación en particular, dejó por un tiempo la futura exploración. E incontables miembros de iglesias adultos biológicos se detienen para siempre en el punto en que se detuvo Jon... y nunca avanzan ni un paso más.

Las etapas uno y dos son parte de un desarrollo saludable de la fe, siempre y cuando, por supuesto, uno no se quede atascado en ellas. Pero la fe que crece debe pasar por la «adolescencia». Y prepárese, porque la «adolescencia» de la fe puede ser dolorosa.

Bill Cosby apodó a la adolescencia *biológica* como «daño cerebral temporal». Entiendo por qué. Cuando nuestra primera hija llegó a los quince años, Carolyn y yo estábamos casi seguros de que estaba mentalmente enferma... o lo estábamos nosotros. Un día le dimos un beso de buenas noches a una niña dulce, respetuosa y cariñosa, y a la mañana siguiente nos levantamos para hallar en nuestra casa una extraña caprichosa y enfurruñada.

Por supuesto, estoy bromeando, y esta caricatura de la adolescencia no es justa. Pero muchos padres de adolescentes jurarían que es verdad y sus hijos tendrían historias igualmente espeluznantes que contar. Cada experiencia es diferente, pero la adolescencia es algo que asusta tanto al padre y al hijo. Sin embargo, los padres sabios saben que la adolescencia es una etapa saludable del desarrollo, que en realidad conduce a los niños al mundo de los adultos.

La adolescencia *espiritual* es muy real también. Y como su equivalente biológico, puede ser aterradora. Westerhoff llama a la adolescencia espiritual la «fe que busca» porque durante este tiempo examinamos, incluso desafiamos, nuestra fe de afiliación. Y como su equivalente biológico, a menudo trae experimentación y confrontación.

Sin embargo, la adolescencia espiritual quizás no coincida con la adolescencia biológica. (La mía ciertamente no coincidió; aun cuando sentí los primeros retortijones, en realidad no me golpeó con fuerza sino hasta después de varios años en el ministerio.) Puede atacar a los quince años o a los cincuenta.

Durante este período, típicamente, las preguntas cunden: ¿Por qué los cristianos creen esto? ¿Es confiable la Biblia? ¿Por qué Dios hace esto o permite aquello? ¿Es Dios realmente amante?

Estas preguntas con frecuencia preocupan o amenazan a los padres y a los líderes de la iglesia. Algunos reaccionan demasiado: «No hagas esas preguntas. Molesta a la gente. ¿Estás tratando de ser problemático?» Al que pregunta, a veces se le rotula como un buscapleitos... o incluso incrédulo.

¡Qué desafortunado! Demasiado a menudo los desafíos estrepitosos de la fe adolescente son en realidad señales saludables, una característica de vitalidad espiritual. Lo que en la superficie parece ser un problema de actitud, quizás sea en realidad un «rito de tránsito» esencial hacia una fe más madura.

Durante esta inestable etapa de la fe, puede consolarnos saber que la Biblia provee respaldo para la fe que busca. En el mismo centro del libro de Hechos, el aplauso brota de los hermanos en Berea. Eran «mucho más abiertos» que sus vecinos, porque «todos los días examinaban las Escrituras para comprobar si lo que Pablo y Silas decían era cierto».[7]

Los líderes espirituales sabios saben que las preguntas difíciles y los desafíos llegan a ser vías de crecimiento cuando se nutren de un círculo de oídos que escuchan, mentes informadas y corazones interesados. Si, por el contrario, en esta etapa crucial de la fe se aplastan

7 Hechos 17.11, La Biblia al día.

las preguntas, el buscador quizás se sienta empujado a una de por los menos tres opciones negativas.

(1) *Alejarse.* El preguntón amordazado a lo mejor se aleja de su iglesia o familia, y se dirige a donde sus preguntas son bien recibidas (o simplemente pasadas por alto). Hoy en día, a decir verdad, los buscadores sinceros se alejan en bandadas de las iglesias rígidas y temerosas, y a menudo las familias «de alto control» se destrozan.

(2) *Enfadarse.* La fe frustrada puede convertirse en una ira crónica. Algunos buscadores que se silenciaron no pueden acallar sus preguntas, ni reunir el valor para alejarse. De modo que sólo se enfurecen y se quedan así, bien sea tragándose su ira o vertiéndola en contra de cuestiones sin ninguna relación. Algunas personas crónicamente infelices merodean toda su vida por la iglesia, enredándose a cada momento en conflictos o ventilando su cólera de maneras más sutiles, algunas veces inconscientes. Algunas personas furibundas incluso ganan posiciones de prominencia. Tal vez usted conozca a algún ministro quien, en la mediana edad, aún alberga ira y su ministerio deja un rastro de problemas.

(3) *Silenciar las preguntas.* Esta es la alternativa más mortal de todas. El buscador pasa por alto las preguntas, se une a la muchedumbre y pretende creer como cualquier otro. Esta persona debe tornarse experta en «silenciar» cualquier cosa que provoque el pensamiento, no sea que las preguntas vuelvan a removerse. Pero dejar sobre el tapete las grandes preguntas en la etapa de adolescencia de la fe es un hábito peligroso y puede conducir poco a poco al desmantelamiento tanto de la integridad como de la conciencia. Una persona que silencia las preguntas puede a la larga ser incapaz de creer en algo con intensidad.

El lado oscuro de la adolescencia

El único puente entre la niñez y la edad adulta es la adolescencia. Si vamos a crecer, debemos cruzarlo y hacer nuestras preguntas, incluso si estas desafían zonas de comodidad largamente acariciadas. Si no lo hacemos así, aun cuando quizás digamos palabras divinas y mantengamos una identidad religiosa, nuestra fe carecerá de vitalidad; para todo propósito práctico, viviremos como si no creyéramos en nada.

Dos advertencias son necesarias respecto a la fe que busca: Primera, para quienes tal vez sientan la tentación de echarle la culpa de su falta de fe a las iglesias o padres represivos: *a fin de cuentas, la búsqueda llega a ser responsabilidad sólo del buscador*. Muchos grandes creyentes de los siglos martillaron su fe en el yunque de la represión: Jeremías, Lutero, Esteban y Jesús, por nombrar unos pocos. Encontrar resistencia no es excusa para dejar de crecer espiritualmente.

Segunda, *la fe que busca tiene un lado oscuro: el mismo antiguo problema del desarrollo atascado*. El buscador puede caer en un modelo de espera, volando perennemente en círculos, sin jamás aterrizar, evadiendo así con eficacia la responsabilidad.

Richard confiesa: «Algunas veces he sido paranoico para cerrar mis alternativas, usando la excusa de: "Después de todo, si no sé qué creer, es de esperar que no haga compromisos costosos". El último pensamiento que me revoloteaba antes de ceder a algunas de mis tentaciones favoritas, era: "Caramba, ¿qué diferencia habrá? Lo más probable es que de todas maneras no soy cristiano"».

El apóstol Santiago parece haber tenido a Richard en mente cuando escribió: «El que duda es semejante a la onda del mar, que es arrastrada por el viento y echada de una parte a otra[...] El hombre de doble ánimo es inconstante en todos sus caminos».[8] Y Lois Cheney se anota un punto directo respecto a la mentalidad de Richard en su libro *God Is No Fool* [Dios no es ningún tonto]:

> Una vez conocí a un joven que buscaba a Dios. Y me impresionó su búsqueda; y oré por su búsqueda; y me encantó su búsqueda.
>
> Él leyó un montón de libros. Pensó y pensó respecto a sus ideas. Habló con mucha gente, en parejas y en grupos; ellos igualaron su mente con la suya y le hicieron progresar en su búsqueda. Anduvo y buscó a Dios en la lluvia. Subió y buscó a Dios en la montaña. Se aisló del mundo y buscó a Dios en su alma.

8 Santiago 1.6-8.

Describía sus búsquedas y sus viajes por la verdad. Explicaba con cuánta meticulosidad y oración seleccionaba, rechazaba o aceptaba.

Con el paso de los años cambié de esperar el recuento de sus búsquedas, a simplemente recibirlas; a aburrirme de ellas; a evadirlas; y a evadirlo a él. Usted ve, se enamoró de la búsqueda.

¡Dios no es tan difícil de encontrar![9]

Cuídese del «desarrollo atascado» que con astucia mantiene las opciones de la «adolescencia» y evade las responsabilidades de prolongar la búsqueda. La Biblia dice que algunos «siempre están aprendiendo, y nunca pueden llegar al conocimiento de la verdad».[10] Si permitimos que las dudas razonables ronden indefinidamente, ¡pueden hacernos hipocondríacos espirituales o perpetuos adolescentes!

La edad adulta de la fe

¿Quién sabe exactamente cuándo un niño se convierte en adulto? Pero esa línea invisible al fin y al cabo se cruza. De modo que la fe «adolescente» saludable, con el tiempo avanza a la «edad adulta».

Westerhoff rotula las últimas etapas de la fe como «privada». En la madurez de la fe uno va a llegar a una fe propia sobre la cual puede construir una vida. Sin embargo, entrar en la madurez de la fe no marca el fin de la búsqueda ni del crecimiento.

Esta etapa de fe en crecimiento que busca y, sin embargo, va madurando, se caracteriza por varias «señales de identificación», según describen Peter Benson y Carolyn Eklin en su informe sobre los patrones de fe:

1. Confía en la gracia divina salvadora y cree firmemente en la humanidad y divinidad de Jesús.

2. Experimenta un sentido de bienestar, seguridad y paz personal.

9 Lois Cheney, *God Is No Fool*, Abingdon, Nashville, 1969, p. 92, cursivas añadidas.
10 2 Timoteo 3.7.

3. Integra la fe y la vida, y ve las relaciones de trabajo, familiares y sociales y las alternativas políticas como parte de la vida religiosa.
4. Procura el crecimiento espiritual mediante el estudio, la reflexión, la oración y la conversación con otros.
5. Trata de ser parte de una comunidad de creyentes donde las personas testifican de su fe y se respaldan y nutren mutuamente.
6. Se sujeta a los valores que afirman la vida, incluyendo[...] un sentido personal de responsabilidad por el bienestar de otros.
7. Aboga por el cambio social y global [por la compasión de todos los seres humanos].
8. Sirve a la humanidad continua y apasionadamente mediante actos de amor y justicia.[11]

Esta fe adulta que crece puede rendirse o quedarse en la denominación de su niñez. Pero cualquiera que sea su afiliación externa, se aferra cada vez menos a los dogmas y las costumbres del grupo, y cada vez más a una relación personal con Dios. E incluso a medida que la fe «privada» llega a ser más agradable con la ambigüedad y el misterio, al mismo tiempo se vuelve más fuerte y más resistente.

El apóstol Pablo es un buen modelo. ¡Imagínese cuán diferente pudiera haber sido el curso de la historia, si Pablo no hubiera pasado de la fe de afiliación mediante su adolescencia espiritual, a su fe «privada»! Su fe llegó a ser menos dogmática y más interna al mismo tiempo. Por ejemplo, Pablo defendió el derecho de los creyentes gentiles a quedarse incircuncisos cuando sus antiguos compañeros lo hubieran exigido.[12] Fue el paladín de la libertad de la salvación por

11 Peter Benson y Carolyn H. Elkin, *Effective Christian Education: A National Study of Protestant Congregations—A Summary Report of Faith, Loyalty, and Congregational Life* [Educación cristiana eficaz: Estudio nacional de congregaciones protestantes: Informe sumario de fe, lealtad y vida congregacional], Search Institute, Minneapolis, 1990, según cita Eugene C. Roehlkepartain en «What Makes Faith Mature?» [¿Qué hace madurar la fe?], *Christian Century*, 9 de mayo de 1990, p. 498.

12 Véase Gálatas 2.3-5.

gracia por medio de la fe, antes que por las obras de la ley.[13] También se levantó por todos los que podían ser proscritos en base a raza, clase o sexo: «Ya no hay judío ni griego; no hay esclavo ni libre; no hay varón ni mujer; porque todos vosotros sois uno en Cristo Jesús».[14]

La fe nunca deja atrás por completo los valles oscuros en donde clama como Ketar: «¡Ayuda mi incredulidad!» Llegar a la etapa de la fe «privada» no significa que todas las preguntas encuentran respuesta, ni que todos los puntos de vista son correctos, ni que todas las dudas desaparecen.

Recuerde, descubrir la fe es como encontrar un camino, no un sitio donde estacionarse; no es una rápida y final «decisión».

Es más, hace poco un amigo mío me hizo notar un fenómeno de la fe que había pasado por alto, aun cuando parece que golpea a un número de creyentes después de la mediana edad y que también resultó cierto para mí. Pueden haber andado toda una vida en comunicación con Dios, con una fe cada vez más rica. Entonces, de súbito, la línea queda en silencio, muerta, como si Dios hubiera cortado la comunicación. Ya no «sienten» ni «oyen» a Dios. Algunos sienten pánico, pensando que «han perdido su fe».

Pero mi amigo destacó que esas ocasiones cuando Dios parece distante o en silencio pueden ser sencillamente cuando ya tenemos lo que necesitamos de Él. Cuando Él no nos da nueva luz ni una nueva experiencia por un tiempo, quiere que actuemos según lo que sabemos, o lo que ya nos ha enseñado. Si seguimos avanzando, confiando en nuestra experiencia de lo que Él ha hecho por nosotros, al final «oiremos su voz» de nuevo.

No veo a la fe adulta tanto como una «etapa final», sino más bien como una fe de ponerse en buenos términos con un desarrollo que dura toda una vida. Según E.C. Reohlkepartain:

> Es un proceso de nunca acabar con temporadas de tremendo crecimiento y tiempos de estancamiento. A veces Dios parece dirigir cada paso que damos y otras lo sentimos tan distante como en otro sistema solar.[15]

13 Gálatas 5.1-19.
14 Gálatas 3.26.
15 Roehlkepartain, «What Makes Faith Mature?», p. 498.

Y sin embargo, el viaje a la edad adulta espiritual es significativo. Marca el punto en que la fe llega a ser interna, el punto en que el creyente puede decir: «Esta es mi fe y pongo en ella mi vida». O, en las palabras de Pablo: «Yo sé a quién he creído, y estoy seguro que es poderoso para guardar mi depósito para aquel día».[16] Una vez que uno llega a ese punto en el viaje de la fe, nuestro trayecto de altibajos cobra un sabor completamente nuevo.

Prueba decisiva con integridad

El viaje de la fe que crece no es llano. Puede ser estimulante y a veces doloroso... y estar en la madurez no significa que ha llegado.

Pero la alternativa para toda una vida de crecimiento puede ser desastrosa. Si no seguimos creciendo, podemos poner en peligro nuestra integridad o a lo mejor nuestra fe misma.

Cuando pateaba piedras por el camino de mi niñez, pensaba que era un hipócrita. Pero si hubiera decidido detenerme en ese punto, incluso a tan tierna edad, mi integridad ya estuviera comprometida.

Stephen Crane, autor de la famosa novela *The Red Badge of Courage* [La medalla roja del valor], enfrentó el dolor de la integridad en su poema «El peregrino»:

El peregrino,
Percibiendo el sendero a la verdad
Quedó pasmado con asombro
Estaba grandemente recubierto con malezas.
«¡Ja!» se dijo,
«Veo que ninguno ha pasado por aquí
En largo tiempo».
Más tarde vio que cada hierba
Era un cuchillo singular.
«Pues bien», musitó finalmente,
«Sin duda hay otros caminos».[17]

Tal vez Stephen Crane se describía a sí mismo. (No mucho des-

16 2 Timoteo 1.12.

17 Stephen Crane, «The Wayfarer», *The Poems of Stephen Crane* [El peregrino, Poemas de Stephen Crane], Cooper Square Publishers, NY, 1966, p. 94.

pués de haber escrito este poema, y siendo aún muy joven, se suicidó.) O, quizás relata la historia de todos los que temen a los filos intrusos que cortan la niñez de la fe y nos aguijonean la «privada» y más allá.

Esta prueba decisiva con integridad nos asusta. Pero para muchos de nosotros, la fe saludable no puede, repito *no puede* desarrollarse sin ella.

Jesús nos advirtió en contra de los peligros de empacar la fe para el mercado imperante: «*¿Cómo podéis vosotros creer*, pues recibís gloria los unos de los otros, y no buscáis la gloria que viene del Dios único?»[18] Jesús, ¿estoy oyéndote bien? ¿Estás diciendo que la fe real puede ser imposible si «seguimos la corriente» sólo por «seguir la corriente»; si abandonamos nuestra búsqueda y sofocamos nuestras conciencias para mantener la paz o nuestras opciones abiertas o, peor aún, ganar aceptación y alabanza?

Los vientos helados de la oposición

El mercurio bajó hasta por debajo de cero grado centígrado en aquel día de febrero de 1936, cuando las ásperas manos de los endurecidos colonos arrastraron trabajosamente por la colina un tanque de abrevar ganado y lo metieron por la puerta hasta la cocina de mi madre. Luego acarrearon baldes de agua desde el pozo, los calentaron en nuestra cocina de carbón, echaron el agua en el tanque y bautizaron a mi madre y a mi padre, sellando una decisión tomada un año antes. Mis padres depositaron su confianza en Jesús y asumieron las responsabilidades de su fe.

Pero a mamá y papá los excluyeron con burla de su círculo social por un tiempo, debido a que se atrevieron a dejar la seguridad «de afiliación» para abrazar su fe «privada». Aunque esto les dolió profundamente, no podían hacer ninguna otra cosa con integridad. El desarrollo de la fe de mamá y papá hubiera rechinado hasta detenerse si hubieran obviado sus preguntas, si se hubieran tragado sus dudas y silenciado sus conciencias.

En momentos de introspección, me quedo sorprendido por mis actitudes: ¿Por qué admiro tanto el valor de mis padres y sin embargo

18 Juan 5.44, cursivas añadidas.

me «angustio» cuando mis hijos (andando en la herencia de sus abuelos) algunas veces tienen sus «propias» conclusiones que no se ajustan a las mías? ¿Querría alejar a mis hijos de la integridad que tanto admiro en mis padres? ¿Querría que mis hijos «se establezcan» para siempre en el prado teológico que mis peregrinos padres veían sólo como una «frontera»?

Por supuesto, creo en efecto en algunas cosas lo suficiente profundo que quiero que mis hijos las posean. Pero no quiero que sofoquen sus conciencias sólo para complacerme. Y todavía oro que amen a Dios lo suficiente como para buscarlo incluso si esa búsqueda los saca de cualquier surco que estoy siguiendo y los lleva en direcciones que me partirían el corazón.

Merle Crowell cuenta una historia de un esquimal de Groenlandia que se unió a una expedición ártica. Por sus fieles servicios como guía, se le recompensó con una visita a la ciudad de Nueva York. Asombrado por las maravillas, no podía esperar hasta contárselas a sus compatriotas al regresar a Groenlandia. Describió «montones de iglúes que llegaban hasta la nubes», «iglúes atiborrados que se movían por el camino» y «lámparas que ardían sin aceite de foca».

Pero la gente de la aldea no tuvo su mismo entusiasmo. En lugar de eso, le escuchaban con ojos como de pescado, le llamaron «Sagdluk» (o sea, «el mentiroso») y lo esquivaban. Cuando murió, ya su nombre original había caído en el olvido por largo tiempo y se llevó a su tumba el nombre de «Mentiroso».

Más tarde, Knud Rasmussen hizo su viaje a Alaska, guiado por otro esquimal de Groenlandia, llamado Mitek. A este también lo premiaron con una viaje a Nueva York. Aunque se asombró por la ciudad, Mitek recordando la suerte de Sagdluk, se protegió las espaldas inventándose historias que sus paisanos de la aldea podían tragar. Él y Rasmussen habían apenas «remado en un gran kayak en un río muy ancho llamado Hudson, en medio de abundantes bandadas de gansos y enormes hatos de focas».[19]

Así, Mitek, quien fue el verdadero mentiroso, obtuvo un lugar de respeto extraordinario entre sus paisanos. El hombre que dijo la verdad recibió el mote de «Mentiroso» y murió en la ignominia.

19 Earle Nightingale, «Keep and Open Mind» [Mantenga una mente abierta], Cinta de visión #74, Nightingale-Connant, Chicago, n.f.

Pero esto no debe sorprendernos. Las almas endurecidas que ejercen la libertad de perseguir la verdad, con frecuencia enfrentan un viento helado. ¿Recuerda a Jeremías en el pozo? ¿Y a Esteban apedreado? ¿Lutero en el Concilio de Worms? ¿Mis padres y quizás los suyos? Pero, especialmente, ¿recuerda a Jesús en la cruz? ¿Podemos esperar obtener libertad de conciencia mediante un decreto eclesiástico? ¿Recompensará algún día la humanidad automáticamente tal integridad?

¡Lo dudo! Pero no obstante, cada uno de nosotros es libre como todos los que buscan la verdad lo han sido desde Jeremías hasta Sagdluk, siempre y cuando, como ellos, valoremos la fe auténtica lo suficientemente alto como para mantener los pagos. Washington no proveyó integridad mediante la legislación. Ni la iglesia ni el seminario pueden garantizar libertad de pensamiento mediante algún ingenioso movimiento. La libertad está en el corazón.

Los que mejor buscan a Dios lo hacen así incluso enfrentando un ambiente hostil. Para ellos, una relación con Cristo significa mucho más que conservar un empleo, o mantener una audiencia, o recibir elogios de sus compañeros (aun cuando todo esto puede ser precioso). Parecen estar extrañamente con hambre de «la alabanza que viene del Dios único», la fresca brisa de la libertad que sólo viene cuando se niegan a quedarse atascados en el camino de la fe.

¿En qué parte del viaje se encuentra?

¿Dónde está su fe? ¿Puede poner su dedo en el preciso punto de progreso en su desarrollo de la fe?

¿Ha comenzado a preguntarse si su fe es un simple reflejo del grupo en el cual está afiliado? No se apure. Que no cunda el pánico. Usted tiene todavía que crecer; pero también la mayoría de la gente. El apóstol Pablo era viejo cuando escribió: «Yo sé a quién he creído».

O, ¿se siente intranquilo, confuso, dudando más de lo que cree? Recuerde, las dudas no siempre lo rotulan como incrédulo y sus preguntas no deben catalogarlo como rebelde. Son hitos en el camino que conduce a la fe que madura hacia la edad adulta.

Pero, pregúntese: ¿Cuánto tiempo ha estado buscando? ¿Por décadas? Si halla que la interminable discusión teórica es un masajista divertido del ego y secretamente teme cerrar sus alternativas, tenga cuidado. Su «duda» bien alimentada puede ser en realidad un escape y quizás sea tiempo de que avance. ¡No tema romper su patrón de espera y volver a tomar su plan de vuelo!

Si está alimentando su fe y esta ha comenzado a moldear su vida, mostrará señales de fe «privada». Pero si también está experimentando períodos de duda, confusión o simplemente «desinflado»...

¡Fabuloso! Suena normal.

En realidad, lo más probable es que su fe se moverá por todo el paisaje del desarrollo mientras viva. A lo mejor un área de su vida juega en la infancia de la fe, mientras que otra marcha a la edad adulta y otra más lucha con cuestiones de búsqueda. Algunos nos hallamos avanzando y retrocediendo entre etapas de la fe, buscando por un tiempo y luego retrocediendo a la fe de afiliación, y avanzando y retrocediendo. Y no se olvide: Incluso la fe madura, la privada, persiste en buscar y algunas veces cae en el ciclo de períodos de duda.

Quizás siempre seré un dudoso. Pero también soy un creyente. Después de más de cuarenta años de fe, sé demasiadas pocas respuestas y a veces traiciono mis ideales. Y sin embargo, de alguna manera, desde alguna parte, sigo hallando suficiente fe como para seguir avanzando.

¿Cómo? Por lo general, sólo tengo la suficiente fe que va de día en día. Cada mañana al saltar de la cama tomo la decisión consciente de confiar en Dios otro día. Y cada día Él me da la suficiente fe, así como la conveniente luz del sol. Y sigo determinado a aferrarme a Aquel a quien no puedo ver, para seguir una senda que con frecuencia no entiendo y confiar incluso si me viene encima todo mi mundo. Mi experiencia es como la de M. Louise Haskings, quien reflexionaba:

> Y le dije al hombre que estaba de pie en la
> puerta del año:
> «¡Dame una luz, para que pueda avanzar
> con seguridad por lo desconocido!»
> Y él replicó:
> «Avanza a la oscuridad y pon tu mano en
> la mano de Dios.
> Esto te será mejor que una luz
> y más seguro que un camino conocido».
> De modo que avancé, y encontrando la
> mano de Dios, avancé a tropezones
> alegremente en la noche.

Y Él me condujo a las colinas y
al día que se asomaba en el solitario este.[20]

¿A dónde, entonces, voy desde aquí mientras avanzo en mi jornada de la fe? Siga leyendo...

20 M. Louise Haskins, «The Gate of the Year» [La puerta del año], en *The Treasury of Religious Verse* [Tesoro de versos religiosos], ed. Donald T. Kauffman, Revell, Westwood, NJ, 1947, p. 99.

Parte IV

Creo... pero, ¿cómo puede crecer mi fe?

Cinco pasos prácticos hacia una fe más robusta

El que quiera hacer la voluntad de Dios, conocerá si la doctrina es de Dios, o si yo hablo por mi propia cuenta.
JUAN 7.17

¡Ayuda mi incredulidad!
MARCOS 9.24

Introducción

Cinco pasos más en la jornada

En los próximos cinco capítulos de este libro, recorreremos cinco pasos prácticos por el camino hacia una fe más robusta. Hace muchos años, Sam Shoemaker me hizo notar primero estas ideas mediante su libro *Extraordinary Living for Ordinary Men* [Vida extraordinaria para hombres ordinarios].[1] En las décadas subsiguientes he martillado más estas ideas a través de mi propia experiencia: añadiendo, quitando y revisando, hasta que mis pensamientos ahora llevan sólo un indicio de la influencia de Shoemaker. Quiero reconocer la ayuda que él me dio, aun cuando quizás no quiera responsabilizarse por el punto a que he llegado con ella.

De cierta manera, vacilo al mencionar estos cinco pasos, no sea que resulten como una sagaz «fórmula para la fe». Cuando los seres humanos se acercan al Dios Todopoderoso, cada uno lo hace con su propia singularidad compleja. Simples respuestas de cajón a preguntas grandes y complicadas deben verse con suspicacia. Además, las experiencias de una persona quizás no sean de provecho para otra. Puede ser presuntuoso, si no peligroso, que cualquiera de nosotros trace fórmulas para los demás.

No obstante, estos cinco pasos específicos hacia una fe más robusta me han ayudado enormemente a través de los años, y parecen haber ayudado a muchos que me han oído expresarlos. He presentado este material en más de treinta iglesias y conferencias, y los he explicado a más de dos mil estudiantes a quienes he asesorado durante mis diecinueve años como ministro de una iglesia cerca de la Uni-

1 Sam Shoemaker, *Extraodinary Living for Ordinary Men* [Vida extraordinaria para hombres ordinarios], Zondervan, Grand Rapids, MI, 1965.

versidad Cristiana de Abilene. Muchas de estas personas me han dicho que han aprovechado estas sugerencias.

Las ofrezco con la esperanza de que a usted también le sea de provecho.

7

Una disposición para creer

Un primer paso hacia la fe es decidir si uno realmente quiere o no creer.

Peter vino a nuestras vidas hace más de veinticinco años cuando Carolyn y yo vivíamos en Salmon Arm, Columbia Británica. Esta pequeña aldea, que se extiende como una pintura en las faldas de la montaña del hermoso lago Shushwap, atrae turistas y escritores de todas partes del mundo. Atrajo a Peter desde Nueva Zelandia para trabajar como reportero de un periódico mientras obtenía sabor local para una novela.

Debido a que Peter era un viajero mundial, con excelente intelecto y una atractiva personalidad, su lista de invitaciones se llenaba con mucha rapidez. Pero tuvimos suficiente suerte para que nos incluyera y esa noche con Peter se yergue entre las mejores de nuestros recuerdos.

Sentados alrededor del alegre fuego, Peter nos entretuvo con historias fascinantes de lugares distantes con nombres extraños. Entonces, hacia el final de la velada, mientras el fuego ardía casi apagándose, Peter se puso a reflexionar.

—Si no les importa —se aventuró a decir—, me gustaría hacerles algunas preguntas sobre su religión.

Por supuesto, aceptamos. Nunca olvidaré su primera pregunta:

—¿Realmente creen que hay un Dios que conoce mi nombre?

Aun cuando mi propia fe se ahogaba en dudas en ese tiempo, respondí:

—Pues, sí, eso es lo que creemos —Por dentro pensaba: «Al menos, eso es lo que *quiero* creer».

—¿Creen de verdad que aquellas historias de la Biblia son ciertas... que Jesús nació de una virgen, que dio de comer a una multitud con un emparedado de sardinas? ¿Y que después de su funeral salió caminando del cementerio? —continuó preguntando Peter.

—Pues bien —le dijimos—, esas cosas en verdad suenan absurdas, especialmente cuando se dicen de esa manera, pero sí, creemos que la Biblia es verdad.

Peter se quedó quieto por un momento y luego observó:

—¿Saben? He vivido en muchos lugares y he conocido a mucha gente. He notado, Lynn, que la mayoría de las personas no son felices. Tengo que admitir que los pocos que parecen ser felices son tipos que creen como ustedes —respondió. Luego dejó caer su rayo—: Daría cualquier cosa en el mundo si pudiera creerlo... ¡pero simplemente no puedo! He tratado, ¡pero *mi mente se interpone en el camino*!

Incluso ahora, después de todos estos años, todavía siento la enorme impotencia de ese momento. Hubiera pagado a cien dólares la palabra por algo apropiado que decir. Aunque aún comprendo muy poco sobre la fe, hubiera querido saber entonces algunas cosas que ahora sé respecto a su dinámica.

Mi jornada me ha convencido de que la duda con más probabilidad está enraizada en razones ocultas, internas, de la voluntad, que en la búsqueda intelectual consciente. Quisiera haberlo sabido antes de mi conversación con Peter. Quizás él nunca llegó a captar las razones verdaderas, pero ocultas, por las cuales hallaba la fe «imposible». Mientras más experimento los misterios del corazón humano, y mientras más escucho a la Biblia, y mientras lucho cada vez más con mi propia fe, más me convenzo de que el problema de la fe de Peter estaba en su corazón, no en su cabeza. No era tanto que *no podía* creer. En lugar de eso, debido a sus presuposiciones, sus deseos, sus relaciones y a lo mejor su historia emocional, realmente *no quería creer*.

Quisiera que Peter lo hubiera sabido. También quisiera haberle dicho que el primer y quizás más grande paso hacia la fe es *decidir con sinceridad si en realidad quiere o no creer*.

Usted puede hacerlo. Jesús dijo que los creyentes pueden *decidir* hacer la voluntad del Padre. Una vez que toma esa decisión voluntaria, no ocurre nada mágico, pero la niebla empieza a levantarse. Tal vez aún tenga dificultad para comprender y hasta mantener su fe; las probabilidades es que nunca escapará para siempre de esa batalla. Pero estará dando los primeros pasos saludables en el camino de la fe cuando decida: «Sí, quiero creer».

Una necesidad para creer

En cierta ocasión conocí a una gran mujer, de considerable agudeza, de importantes logros y activa en la política local, que me dijo: «Bien, Lynn, ¿sabe por qué la mayoría de los cristianos creen? ¡Lo necesitan! Están emocionalmente incompletos. Tal vez una mala experiencia en su niñez. Inseguridad. Baja autoestima o alguna otra necesidad sicológica. Pero por una razón u otra, tienen esta necesidad de creer».

«¿Sabe lo que pienso al respecto?», le respondí. «Considero que tiene toda la razón. Si le pregunta a Lynn Anderson por qué cree, le diré que, ante todo, porque quiero creer... es más, porque necesito creer».

Si miramos dentro de nosotros mismos, tal vez descubramos algo muy significativo, pero tan obvio que se pasa por alto con facilidad: Hay algo en la misma naturaleza del ser humano que no tolera un cielo vacío. A través de toda la historia, en dondequiera que hayan seres humanos, se encuentran también dioses.

¿Por qué? Mi amiga tal vez lo explicaría así: «Inseguridad básica; hemos inventado la idea de un dios debido a que no podemos salir adelante solos». La necesidad sicológica humana inventó a Dios.

Pero, ¿podría lo contrario ser verdad? Imagínese a un niño de cuatro años deambulando perdido por los pasillos de un enorme almacén por departamentos, llorando y llamando a su madre.

—¿Qué sucede, hijo? —le pregunta.

—Quiero a mi mamá —suplica el niño.

De modo que levanta al niño, lo sienta sobre sus piernas y le dice:

—Mira, tú eres un niño grande ya. Ha llegado el momento en que tienes que enfrentar ciertos hechos. Hijo, tú no *tienes* una mamá. Simplemente te estás sintiendo solo e inseguro. De modo que, para satisfacer tu necesidad, ¡te inventaste esta idea de «mamá» con la esperanza de que así te sentirás más seguro!

¿Quedaría convencido el pequeño?

¡Por supuesto que no! Llora pidiendo a su mamá porque *tiene* una madre y ha perdido el contacto con ella... ¡no viceversa! Y habrá un agujero en mi realidad hasta descubrir una relación con el Creador del universo que es precisamente porque *existe un Creador del universo* y me ha creado para que tenga una relación con Él. Y así como el varón y la mujer suspiran el uno por el otro, Dios y la humanidad se anhelan mutuamente. Miguel de Unamuno decía: «Creer en Dios es, en primer lugar, querer que haya un Dios, ser incapaz de vivir sin Él».[1]

Pero nótese aquí la otra cara de la moneda, la cual provee una importante pista de por qué algunos tienen dificultad con la fe. Así como la *fe* está a menudo profundamente arraigada en necesidades emocionales *para* creer, la *incredulidad* tiene su fuente en necesidades emocionales profundas, quizás incluso sublimes, pero muy reales para *no creer*.

Estorbos a la fe

Una universitaria una vez se lamentaba:

—Quisiera creer, pero no puedo.

—¿No puede o no quiere? —exploré—. ¿Acaso no tendrá alguna necesidad de decidir que Dios está en alguna parte? Por ejemplo, ¿será que teme las exigencias que Dios podría imponerle? ¿O siente desesperación porque ha tratado de comportarse lo suficientemente bien como para satisfacer lo que Él exige y no lo ha logrado? ¿O está quizás temerosa de que Él la desilusione, de que no le cumpla o no pueda cumplir lo prometido?

—Tal vez sea todo lo que ha dicho —me interrumpió—, pero, ¿cómo lo supo usted?

En efecto, no lo sabía con seguridad, pero sospeché estas posibilidades debido a mi propio peregrinaje. También he escuchado a muchas personas que sentían que no podían creer. En mi tarea de consejería y en mis conversaciones, he oído testimonios de las siete «dudas de raíz» de Os Guinness:

> Duda por no recordar; debido a una visión defectuosa respecto a Dios; debido a fundamentos débiles para creer; por una falta de disposición para comprometerse; a causa de una falta de crecimiento; provocado por emociones dominantes; motivado por cicatrices emocionales que no han sanado anteriormente.[2]

También he visto, en mí mismo y en otros, que las verdaderas

1 Citado en James Robert Ross, «Why I Believe» [Por qué creo], *Mission*, septiembre de 1972, p. 15.
2 Os Guinness, *In Two Minds* [En dos mentes], InterVarsity Press, Downers Grove, IL, 1976, pp. 67-180.

razones detrás de las dudas con frecuencia están ocultas de nosotros. Algunas personas viven en una forma de negación. Dicen que quieren creer, mientras que en su fuero interno, por diversas razones ocultas, no quieren hacerlo.

Pienso que esto fue cierto en mi amigo Peter. Al reflexionar en retrospectiva en mi conversación con él, veo una fuerte posibilidad de que simplemente no podía exponer su *orgullo* al ridículo de sus colegas, quienes podrían tal vez considerar su fe como por debajo de su dignidad intelectual. ¿Le resulta familiar? En realidad, la Biblia dice que no tendremos mucha fe genuina sin tragarnos nuestro orgullo. Jesús dijo: «Bienaventurados los pobres en espíritu, porque de ellos es el reino de los cielos».[3]

Pero el orgullo no es el único obstáculo que se interpone en el camino a querer creer. Los *intereses creados* también amenazan la fe.

George se quejó muchos años de que no podía sobreponerse a las barreras intelectuales que se interponían en el camino a una fe de todo corazón en Dios. Más tarde, dijo: «Vi en mi espejo retrovisor que me había encadenado a las barreras intelectuales porque temía que algunos de mis principales clientes en mi agencia de publicidad me abandonaran si se enteraban de que era creyente».

Harry pasó varios años, en sus palabras, «sorteando las evidencias de Dios, mientras que ponía la fe en espera», hasta que finalmente se confesó a sí mismo que muy en lo profundo de su ser «sabía» que Dios quería clausurar su cabaret de mujeres desnudas y no podía imaginarse haciendo tal cosa. «Era mi sustento. Además, no podía imaginarme sin mis juguetes y goces».

Posiblemente, la fe presenta una amenaza seria a su *carrera*. Mi amigo Peter, por ejemplo, tal vez sentía que su carrera estaba amenazada. Era un intelectual y un escritor. Después de todo, algunos intelectuales que se han convertido en creyentes se ha encontrado excluidos de ciertos círculos literarios.

Tal vez sentimos que la fe puede amenazar nuestras *relaciones*. A lo mejor Peter se resistía a la fe porque sentía que esta significaba alejarse de sus amigos escritores, el círculo de amistades que más satisfacciones le daba. (Fíjese, no tuvo que hacerlo, sino que se imaginó que tenía la necesidad de hacerlo.)

3 Mateo 5.3.

Mi amiga Mary sentía la presión social contra su elección de fe. Su esposo y su familia empezaron a tratarla como una extraña cuando empezó a visitar un grupo de estudio bíblico y a hacer preguntas respecto a Dios. Sin embargo, explicaba su decisión en contra de la fe en Jesús en términos de sus dudas intelectuales: «Todo es muy confuso. Me es imposible decidir en cuál religión del mundo creer».

Para Mary, así como para muchos otros, fue el alto costo de «seguir» a Jesús, no los obstáculos intelectuales, lo que hacían difícil la fe. Y esto es cierto para muchos de nosotros. Como Jesús dijo: «Si alguno quiere venir en pos de mí, niéguese a sí mismo, y tome su cruz, y sígame».[4] Para algunos de nosotros, eso es simplemente una amenaza demasiado grande.

Cuestiones ocultas... dudas en la superficie

La racionalización de nuestras dudas en la superficie puede también tener sus raíces en cuestiones sicológicas más profundas. La mayoría, por ejemplo, albergamos algunas clases de *temores* ocultos. ¿Puede una persona en realidad tener miedo a creer?

Joe temía las consecuencias de la fe. Reflexionaba: «Algunas veces siento hambre por andar más íntimamente con Dios, pero otras temo de a dónde me llevará eso. Vi la fe que desvió a mi tío. Él no pagaba impuestos ni iba a ver al médico porque confiaba en Dios... no en los políticos ni en los médicos". De modo que el año en que finalmente el Departamento de Impuestos le enjuició fue el mismo cuando a mi primo lo lanzó un caballo y quedó paralítico para siempre, porque mi tío no quiso buscar ayuda médica. "Dios lo sanará", decía. ¿Me hará la religión un fanático así como mi tío?»

Los ojos de Steven expresaban el mismo miedo mientras decía: «¿Por qué orar a un Dios que hizo que mi padre dejara de tocar su hermosa música en el violín y que llevó a mi hermana a destrozar su televisor y a prohibirles a sus hijos a participar en los deportes? ¿Y tener luego que tragarme la religión a la fuerza? ¿Quién necesita tal cosa?»

Detrás de algunas dudas «intelectuales» se yergue el temor de que la fe quizás sofoque la creatividad. Joyce, por ejemplo, aspira a

4 Mateo 16.24.

ser una dramaturga e ir en pos también de su considerable talento musical. «Me parece», observó ella, «que las iglesias están mayormente interesadas en asegurarse que las personas se mantengan dentro de las líneas. La mayoría de los cristianos que conozco exigen una falta de disposición premeditada y fútil para considerar otras alternativas. Despojan a la vida de toda cualidad literaria y estética. ¿Necesito yo eso?» (Dicho sea de paso, ¡la fe no pareció eliminar la creatividad de Miguel Ángel, ni de J.R.R. Tolkien, ni Ludwig van Beethoven, ni C.S. Lewis, ni Leonardo de Vinci, ni Amy Grant, ni Fanny Crosby, ni Michael W. Smith, ni...!)

Algunas personas han expresado confidencialmente que mantienen su fe a una distancia impersonal por temor a cerrar otras alternativas. Este temor particular parece ser «la moda» en la actualidad. En las décadas de los cincuenta y los sesenta, el gran obstáculo para la fe era la «ciencia». Pero ahora la gran cuestión parece ser «mantener la libertad de opción». La gente recela de hacer compromisos de largo alcance. Dan por sentado que durante su vida harán varios cambios en su carrera. Muchos posponen el matrimonio diciendo que «aún no están listos para comprometerse». Como una joven, estudiante de medicina, me dijo: «Si me comprometo a un cónyuge ahora, pierdo demasiado». No es de asombrarse que a menudo se deja la fe a un lado para mantener abiertas las alternativas.

Para otros, las dudas pueden tener sus raíces en sentimientos de *ira*. Tal vez se sienten víctimas de Dios, identificándolo del cristianismo tradicional con el prejuicio racial, el sexismo, la injusticia social o la intolerancia religiosa. (Paradójicamente, de este modo ellos mismos aprueban los valores enraizados en las enseñanzas bíblicas: justicia, amor y misericordia.)

Para algunos, la ira tal vez sea más personal. Durante la universidad, Lonny era el estudiante que la mayoría de nosotros envidiábamos. Su fe resaltaba y la gente se sentía atraída por su seductora personalidad. Diez años más tarde, Lonny, ahora un exitoso corredor de bolsa, me dijo que no podía lograr acercarse a Dios. «Si es que hay un Dios, de seguro que tiene un sentido extraño del humor, Lynn. Soy homosexual. No me hice a mí mismo así. Nunca tendré una familia. Nunca me sentiré normal y nunca sabré lo que es el amor... por lo menos sin la aprobación de Dios. No niego que Él esté en algún lugar; ¡me parece que no quiero tener nada que ver con Él!»

Fe con cicatrices: El factor familiar

Probablemente, el estorbo sicológico más poderoso de la fe son las cicatrices ocultas debajo del nivel de la conciencia. Una serie de estas cuestiones encubiertas obstaculizan el sendero a la fe. Por ejemplo, la investigación de Davis Lewis, Carley Dodd y Darryl Tippens aísla los factores familiares principales que ejercen un impacto directo sobre la fe. Descubrieron que:

> Por medio de la experiencia de seguridad paternal, confianza y lealtad, el niño desarrolla la disposición de ligarse a Dios. No decimos que los niños que carecen de estos nutrientes espirituales están condenados a rechazar a Dios, pero su ruta a Él es, a menudo, tristemente problemática y difícil.[5]

Tal vez este «factor familiar» explica las dudas de Bonnie. Tenía varias gestiones que realizar, cuando las canceló el día antes de que llegó casi arrastrándose a mi estudio, furiosa, deprimida y, en sus propias palabras, «agnóstica». Bonnie es inteligente como pocas personas, y había pensado y leído mucho antes de anunciar: «Está llegando a ser imposible intelectualmente seguir creyendo. Si acaso Dios existe, debe ser un egomaníaco. De qué otra manera exigiría que todo el mundo se postre ante Él y le adore. ¿Cómo puedo confiar en alguien así?»

Bonnie y yo atravesamos meses de intrincado diálogo «intelectual» sin llegar a ninguna parte. Entonces un día la fuente real de las dudas de Bonnie salió a la superficie. Ese día Bonnie irrumpió en mi estudio y cerró la puerta con un fuerte portazo. Los dos bebés estaban con una niñera y ahora Bonnie estaba encinta de un tercero. No sólo que su alcohólico esposo había perdido su trabajo, sino que había aterrorizado a la familia toda la noche con un cuchillo, sonriendo grotescamente y diciéndoles meloso que sería mejor que todos «se fueran a estar con Jesús».

De alguna manera, esa noche traumática arrojó luz a una larga historia de ultraje emocional y físico que al parecer Bonnie «olvidó» con éxito. Su madre azotaba periódicamente a Bonnie mientras oraba y le leía versículos de la Biblia. Su padre, diácono de su iglesia, casi siempre la intimidaba para que mintiera respecto a sus indiscreciones

5 Davis Lewis, Carley Dodd y Darryl Tippens, *Shattering the Silence* [Destrozando el silencio], Christian Communications, Nashville, 1989, p. 54.

sexuales. Y luego se casó con Toby, cuya familia era también disfuncional y fanáticamente religiosa, la cual, a la larga, le «empujó a la bebida». ¡No sorprende que Bonnie estaba enfurecida con Dios! Pero mientras Toby no tocaba la botella, ella se las arreglaba para reajustar sus reminiscencias de la niñez lo suficiente como para no recordar conscientemente el abuso y el ultraje. Ni siquiera se daba cuenta de las raíces ocultas de su ira.

Don llevaba cicatrices similares que se interponía en el sendero a la fe. Su madre nunca faltaba a la iglesia. Llevaba su Biblia en la cartera. Hasta citaba pasajes de las Escrituras al cartero y se jactaba con sus amigas de que Don un día sería un ministro. Y aunque este trató de estudiar en el seminario, concluyó que ya no creía mucho. En su mente, «la luz de los estudios» le iluminaron al punto de que su fe ahora era «imposible».

Cuando murió la madre de Don, este descubrió que ella le había excluido de su testamento. En su cólera, Don finalmente pudo ponerse en contacto con el hecho de que su madre le ultrajó sexualmente durante años, mucho antes de lo que recordaba. No era en Dios en quien realmente no creía, sino en la distorsionada imagen que su madre le inculcó.

Como Lewis, Dodd y Tippens observan, cuestiones familiares de mucho tiempo atrás puede fácilmente inclinar la balanza respecto a si una persona quiere tener fe o, muy adentro, no quiere tener nada que ver con Dios:

> Cuando los hijos aprenden a sentirse seguros y saben que no los traicionarán, es muy probable que florezcan como adolescentes capaces de una relación personal con Dios. [Pero] los niños privados de un sentido de seguridad e importancia, especialmente en los primeros años de la vida, pueden quedarse como enanos emocionales; algunas veces sólo son incapaces de comprometerse con otros, sea Dios o seres humanos.[6]

Puesto que las iglesias en algunas maneras son semejantes a familias extendidas, las cicatrices de malas experiencias en la iglesia también pueden subconscientemente estorbar la fe. Cuando las per-

6 Lewis, Dood y Tippens, *Shattering the Silence*, pp. 53-55.

sonas se sienten traicionadas por alguien que «representa a Dios», es natural que quiera desquitarse mediante la incredulidad.

Mark, por ejemplo, se pregunta en realidad en cuanto a Dios. Su contacto con la fe viene principalmente por medio de su ex esposa y su familia, y muy poco en esa experiencia le ha inclinado a creer. Su matrimonio empezó mal y desde allí todo fue cuesta abajo. Sue era criticona, se encerraba en silencio y evadía las relaciones sexuales. Mark encontró consuelo en una amiga, con la cual acabó acostándose... una sola vez. Mark no excusa su conducta. Es más, sintió tanto remordimiento que inmediatamente se lo confesó a Sue, la cual, sin buscar asesoramiento ni conversar nada más, entabló de inmediato el juicio de divorcio. Ni ella ni su familia jamás volvieron a hablarle a Mark, a pesar de que este hizo repetidos intentos de reconciliación. El padre de Sue es un líder en su iglesia y ella es maestra en la Escuela Dominical. Mark sabe que el padre de Sue pasa por alto algunas cuestiones éticas en su negocio. Mark dice: «No le echo la culpa a Dios, porque no estoy seguro de seguir creyendo en Él».

Mark, Don y Bonnie son sólo representantes de una gran multitud de dudosos que tienen cicatrices dejadas por traiciones de creyentes profesantes: parientes, ministros, diáconos, socios en los negocios, cónyuges, mentores o evangelistas de los medios de comunicación masiva. La ira, la desilusión y la desconfianza, debido a esta clase de traición, fácilmente se transfiere a Dios. Y de nuevo, la transferencia a menudo ocurre a niveles del subconsciente, la cual aflora disfrazada de duda.

Trampas teológicas

Las malas ideas pueden ser tan dañinas como las malas personas; y estas, también, pueden ser parte de nuestro legado del pasado. Una difundida trampa teológica es la creencia de que Dios es la fuente de cada sufrimiento, desastre y tristeza. Si pensamos así, es natural que le echemos la culpa a Dios por cualquier cosa mala que nos viene encima. «Si hay un Dios amante», razonamos, «¿por qué me envía esto? O, si es tan poderoso, ¿por qué permitió que ocurriera esto?»

Luego también hay los «culpadores y presionadores». Muchos se alejan de la fe debido a ideas erróneas respecto a la naturaleza de Dios y lo que Él espera de ellos.

En una época de mi vida de fe me sentí que mientras más me

acercaba a Dios, más daño me hacía. Me perseguía un candente sentido de nunca ser lo suficientemente bueno, de nunca llegar a la medida. ¡Otros se han sentido también así! Durante esos días oscuros, Dios era un juez condenador que exigía de mí lo imposible. No me daba ninguna esperanza a menos que yo supiera exactamente lo que era correcto y lo hiciera a la perfección. Y aunque públicamente decía: «Dios es amor», en privado, dentro de mí, la frase no tenía ningún significado. Nada respecto a Dios parecía atraerme.

Empecé a sentirme como William C. Kerley cuando escribió:

> Últimamente, los fanáticos del deporte en los partido gritan con más frecuencia y más alto: «¡Nos han robado! ¡Alguien ha faltado a sus promesas!»
>
> *«Yo he venido para que tengan vida, y para que la tengan en abundancia».*
>
> Y aquí estamos muy preocupados.
>
> *«Mas el que bebiere del agua que yo le daré, no tendrá sed jamás».*
>
> Y con las gargantas resecas vamos de un pozo a otro en busca de alivio.
>
> *«Venid a mí todos los que estáis trabajados y cargados, y yo os haré descansar».*
>
> Sin embargo, lo que se nos da es otro trabajo, nos nombran para integrar otro comité, se nos dan más reglas y obligaciones, siempre instados a hacer más, ser otros... y siempre sobre la marcha, siempre sobre la marcha.[7]

Por supuesto, no era Dios el que en realidad me hacía daño, *sino las malas ideas respecto a Él.* Me tragué parte del evangelio sin interiorizar el corazón total y equilibrado del mismo. Esta concepción errónea me dejaba sin esperanza; vivía con condenación sin perdón, juicio sin misericordia, culpa sin gracia. ¡No es de asombrarse que tuviera problemas al querer creer!

Oculto en el corazón

El desfile de posibles obstáculos ocultos a la fe sigue. Este libro

7 Willian C. Kerley, «Finding Faith Again» [Hallando de nuevo la fe], *Mission*, noviembre de 1972, p. 6.

no podría describirlos todos, incluso si los conociera, lo cual no es así. Quizás usted se identifica con algunos de los ejemplos mencionados aquí. Es muy probable que pueda añadir otros de su propia cosecha.

El hecho es que la mayoría arrastramos algo de este equipaje, pero que lo logramos disfrazar con tanta astucia nuestra resistencia oculta a la fe, que hasta nos autoengañamos y en la superficie identificamos las fuentes de nuestras dudas como «problemas intelectuales», que «hacen difícil creer».

Esta tendencia a confundir las fuentes de nuestra incredulidad puede complicarse aún más con las actitudes culturales comunes respecto a la fe y al intelecto. La percepción popular de estos días implica que escoger la fe exige bien sea ignorancia o insinceridad intelectual, que los «hechos» científicos, históricos y sicológicos no nos permiten creer en el Dios de la Biblia y mantener nuestra integridad intelectual; así, la fe sería un suicidio intelectual para las personas educadas. Esta percepción se propaga por los medios de comunicación masiva y otras fuentes «influyentes», no ridiculizándolas abierta y ruidosamente, sino en la forma de aseveraciones y presuposiciones sutiles.

Es curioso, pero Natán Glazer, en el *New Republic* argumenta exactamente lo contrario: lo que anda mal con creer es que *sólo* las personas intelectualmente astutas pueden realizar la gimnasia mental esencial para la fe:

> Creo que las terribles heridas que la religión ha sufrido en los pasados trescientos años, fundamentalmente debido a la propagación de una cosmovisión científica en toda la sociedad, no pueden curarse. La religión, que en un tiempo todo el mundo creyó y cuestión de política para la élite, ha cambiado su carácter. Hoy la fe es posible sólo para el sofisticado, aquel que puede explicar, o descartar mediante explicaciones, las implicaciones de la ciencia moderna y el pensamiento científico. A la mayoría, sin importar qué digan las encuestas de opinión pública, la fe religiosa ya no le puede afectar profundamente. Para ellos, por consiguiente, la religión será cuestión de utilidad social.[8]

8 Martin E. Marty, *Context* [Contexto], vol. 23, No. 12, 15 de junio de 1991, pp. 1-2.

Por un lado, ¿acaso no puede la fe resistir el examen inteligente? Por el otro, ¿exige la fe superioridad intelectual? Ninguna de estas afirmaciones pueden comprobarse.

La verdad es que grandes cerebros caen en ambos lados de la fe. También los ignorantes. Pero esto en realidad no importa, sin embargo, porque un Dios justo y amante sabe que cada persona puede decidir creer. La fe no es dominio privilegiado ni del ignorante ni de unos pocos selectos que constituyen la élite intelectual. El corazón es la raíz del problema, no la cabeza. Podemos preferir llegar a ser creyentes o podemos optar por ser incrédulos. De cualquier modo, nuestros *corazones* son los que deciden, sea que nos demos cuenta o no de ello.

Y ese simple hecho nos trae a otra importante fuente de incredulidad. Muy simple: *Una persona quizás no sea capaz de tener fe porque sencillamente no quiere hacer las cosas a la manera de Dios*. A menudo no queremos creer porque no queremos que Dios se inmiscuya en nuestro salón de juegos. En lenguaje bíblico, no queremos arrepentirnos ni convertirnos. De modo que, en un nivel profundo, escogemos no creer.

A menudo nuestra fe se debilita debido a algún pecado oculto. Burton Coffman, un ministro de experiencia, me hizo notar este punto hace una década de una manera muy directa. Me oyó predicar un sermón en el cual sugerí que la fe es en su raíz una decisión de la voluntad. Después del sermón Burton se me acercó apresuradamente y tronó: «Decisión de la voluntad. Correcto, muchacho. También es una decisión moral».

Le pedí que me ayudara a comprender más lo que quería decir con eso.

«Pues bien», explicó. «Nosotros tenemos una manera de ajustar nuestra teología para que encaje en nuestra ética. Por ejemplo, muéstrame un predicador que está volviéndose demasiado sofisticado y de mente amplia para el evangelio, ¡y te mostraré un predicador que está enredado con su secretaria!»

Ahora bien, Burton no quiso decir que cada predicador de mente abierta tiene algún lío de faldas en alguna parte. Pero entendía muy bien cómo el pecado oculto, el que no se ha confesado ni resuelto, endurece las rodillas de la fe. Todas las variedades de pecado oculto tienen ese efecto, no sólo el escarlata de la pintoresca cita de Coffman.

Enfrentar la cuestión real

Por algún tiempo enseñé a un grupo de personas de negocios en seminarios anuales sobre la autoestima, fijación de metas y pensamiento positivo. Una noche, al finalizar la clase, eché a un lado el texto que nos dieron y dije espontáneamente:

—Ahora, amigos, todo esto puede elevar sus ventas o ayudarlos a sobreponerse de unos pocos lunes opacos. Pero si tuviera que aconsejarles que apostaran su vida en ello, ¡sería tan falso como un sepulturero tratando de aparecer triste en un funeral de veinte mil dólares! ¡Tienen que edificar su vida en algo sólido! Sin duda, yo lo hago. Mi autoestima viene de saber que le importo a Dios. Mis metas se moldean con mi visión de los propósitos de Dios. Puedo mantener una perspectiva positiva debido a que creo que mi futuro está en las manos de un Dios amante y Todopoderoso.

En este punto Tom me interrumpió. Era un ex marino, oficial, atlético y fornido. Vestía un traje elegante y conducía un automóvil exótico. Todos en el salón envidiaban su floreciente negocio y su poderosa presencia.

—¡Usted no tiene por qué sacar a relucir la religión en esto! —atacó Tom.

A decir verdad, me sentí intimidado. Pero expliqué con nerviosismo:

—Usted sabe de dónde vengo yo. ¡Estoy seguro que no esperan que enseñe tres clases sobre valores básicos y nunca mencione a Dios! Francamente, no sé en qué otra parte podía buscar para encontrar valores reales.

Después de la clase, mientras me encaminaba al estacionamiento bajo la lluvia, oí pisadas detrás de mí. Me volví, y vi que Tom se acercaba casi corriendo. Pensé: «Caramba... estoy a punto de convertirme en emparedado con los nudillos de un marino».

Pero para mi sorpresa, Tom se encogió como un niño y suplicó:

—Lynn, tiene que ayudarme. Soy un niño asustado con un cuerpo de hombre. La última vez que me sentí vivo fue cuando mataba comunistas en Vietnam. No me gusta mi sistema de valores. No me siento bien por haber traicionado a mi esposa varias veces durante las últimas semanas. Paso más tiempo emborrachándome y persiguiendo mujeres que trabajando y, sin embargo, todavía tengo más dinero del que puedo gastar. Estoy aburrido de muerte. Usted tiene que ayudarme, pero... no me endilgue nada de esta cantaleta de Dios, ¡porque no puedo creer en nada de eso!

Nos encaminamos a un restaurante que estaba abierto toda la noche y allí, por cerca de dos horas, la historia de la vida de Tom salió a borbotones. Mientras más hablaba, más obvio me parecía el problema. Traté de llevar la conversación amablemente, pero en mi emoción (y quizás debido a mi nerviosismo), mis palabras salieron más toscas de lo que pretendía.

—Escuche Tom. No creo que su problema es que sea demasiado listo para creer. ¡Pienso que es demasiado perverso!

—¿Qué dice? —preguntó Tom sorprendido.

De modo que continué:

—Usted no quiere que Dios se entremeta en su salón de juegos. Si se entregara a Él, tendría que dejar muchos de sus juguetes y frazaditas de seguridad. Hasta también podría perder su imagen y simplemente no puede encararlo. Además, para empezar, el maltrato que sufrió a manos de su abuelo hipócrita le ha dado una visión bastante negativa de Dios, ¿no es cierto?

Tom miró a la distancia por un momento, luego reflexionó:

—¿Sabe una cosa, Lynn? Nadie me había dicho nada semejante antes. Me está pareciendo que a lo mejor tiene razón. Pero lo que llama «perversidad» es mi manera de lidiar con las cosas. A esto que me aferro es mi «analgésico»... por lo menos, me ayuda a pasar la noche y levanta mi autoestima. Si lo dejo todo y doy el salto hacia Dios, ¿qué ocurrirá si no lo encuentro o si es como mi abuelo? ¡Entonces lo habré perdido todo!

—Tom, amigo mío —no pude dejar de decirle—, me parece que acaba de poner el dedo en la llaga.

Sería lindo poder decir que Tom confió en Cristo allí en ese restaurante. No lo hizo... y la última vez que lo vi, antes de perder su rastro, seguía batallando. Pero a medida que poco a poco se puso en contacto con los impedimentos reales a la fe, empezó a reconsiderar su decisión. Según él, empezaba a creer de nuevo. Por lo menos ahora se enfrentaba a las cuestiones reales. Tom finalmente se dio cuenta de que si era incrédulo, ¡se debía a que quería serlo!

Helmut Thielicke, en *How to Believe Again* [Cómo creer de nuevo], comenta:

Si una persona aprende a colocar a Dios dentro del cuadro

y por consiguiente empieza a creer, deja de ser tan apasionadamente obstinado. Mirando en retrospectiva descubre que su autonomía, centrar su vida alrededor de su ego, fue lo que le condujo a buscar la incredulidad y le llevó a temer que la fe sería una amenaza a su libre albedrío. Esto, y nada más, crea mi real inhibición respecto a lidiar con la cuestión de la existencia de Dios. Porque es precisamente mi voluntad lo que debo poner en juego cuando apuesto a Dios.[9]

Decida lo que quiere

Nuestros amigos Peter y Tom, y las demás personas mencionadas en este capítulo, ilustran lo que Jesús dijo claramente: la decisión de ir con Dios es el primer paso hacia la fe: «El que quiera hacer la voluntad de Dios, conocerá si la doctrina es de Dios, o si yo hablo por mi propia cuenta».[10]

Permítame reiterarlo: El primerísimo y más importante paso hacia la fe es decidir si usted realmente quiere o no creer; y enfrentar con sinceridad las razones por las cuales hace dicha elección.

Si lucha con la duda, pero piensa que lo que quiere es fe, esfuércese antes en ser brutalmente sincero consigo mismo. Haga un inventario de su ser interior. ¿Pudiera haber alguna razón, sea consciente o sepultada en su subconsciente, por la cual tal vez quisiera no creer? Si piensa que su respuesta es «sí», bien. Está avanzando hacia una decisión sincera respecto a si en realidad quiere o no creer.

Quizás pregunte: «Pero, ¿cómo hago tal "inventario interno"?»

Puede comenzar en privado mediante *un diario* de su conducta y sentimiento durante algunas semanas, incluso meses. Cada cierto tiempo, vuelva a leer su diario para descubrir señales importantes o ciclos recurrentes.

También, cuando se sienta listo para hacerlo, serán de ayuda los *amigos idóneos*. Pídale a algún amigo de confianza que lea su diario y que le dé su «diagnóstico».

También hay muchos libros provechosos que pueden ayudarle a sortear las cuestiones ocultas que quizás le estén impidiendo una fe de corazón. Para ayudarle a enfrentar sentimientos negativos respecto

9 Helmut Thielicke, *How to Believe Again*, Fortress, Filadelfia, 1972, p. 17.
10 Juan 7.17.

a Dios que brotan de experiencias pasadas religiosas o familiares, permítame sugerirle *De adentro hacia fuera* de Larry Crabb y *La bendición* de Gary Smalley y John Trent.[11]

Cuando empiece a sentirse con más valor, *una experiencia en grupo* quizás sea provechosa. Una de las experiencias más reveladoras que he atravesado personalmente fue un semestre que pasé en una clase de dinámica de grupos, en la cual quedamos vulnerables los unos de los otros y algunas veces brutalmente francos. Varios grupos de apoyo, círculos de oración, grupos de estudio bíblico y grupos de responsabilidad mutua pueden servir para una función similar.

Personalmente, he hallado que consultar un *sicólogo o consejero pastoral* bien preparado puede ser muy útil para la autocomprensión. Ciclos ocasionales de tal consejería pueden ser provechosos para todo el mundo, pero son muy importantes para los que se sienten atormentados por sentimientos fuertemente ambivalentes respecto a Dios y a su fe. En mi experiencia, algunas partes de mi historia emocional que alimentaban mis dudas estaban sepultadas y disfrazadas con tanta profundidad, que nunca las hubiera reconocido sin la hábil ayuda de un profesional bien preparado.

Incluso si descubre que sinceramente *no quiere* creer, al menos este proceso de conocer sus motivos reales le permitirán lidiar con su decisión con más franqueza. Y si descubre algún estorbo escondido a su fe, procesar tal «falla» en su naturaleza o historia quizás le hará avanzar hacia una vida más saludable, sea que aclare o no su senda hacia la fe.

Una decisión diaria

Por supuesto, doy por sentado que si está leyendo este libro, lo más probable es que ya hace mucho que ha decidido que *sí* quiere creer. A lo mejor necesita mantener la decisión mañana por la mañana y cada mañana después de esa. Y requerirá continuar siendo franco respecto a sus dudas y sus raíces.

La fe no puede acumularse, como azúcar, harina o alimentos enlatados. Podemos tomar algunas decisiones respecto al estilo de vida que estimularán nuestra fe en tiempos difíciles: como estudiar las Es-

11 Véase el apéndice para más información bibliográfica.

crituras y establecer relaciones con personas que creen. Pero esos preparativos no pueden eximirnos de la necesidad de continuar decidiendo, de seguir optando por creer.

Esta mañana, al levantarme de la cama, hice de nuevo esta decisión voluntaria. La única fe que tengo hoy es tan fresca y nueva como la salida del sol esta mañana.

¡Pero todavía estoy creyendo! ¿Cree usted todavía? Mis planes son tomar la misma decisión mañana por la mañana. Espero que usted también lo haga, ¡porque nadie puede decidir por usted mismo!

¿Y después, qué?

8

Fe que impacta

Un segundo paso hacia la fe es ir a donde esta se nutre.

Si decide cultivar orquídeas, es probable que no se mude al polo norte. Si quiere estudiar libre empresa, sería inverosímil que se matriculara en la Universidad de Pekín. Y si quiere que su fe florezca, es sólo cuestión de sentido común ir a donde se halla la fe. De modo que, el segundo paso hacia una fe más fuerte es buscar creyentes saludables y evitar los ambientes que erosionen su fe.

Esto, por supuesto, no es sugerir que los creyentes deberían esconderse en guetos cristianos. ¡Pero su fe no crecerá si emplea tiempo y energía absorbiendo los sistemas de valores de personas incrédulas!

En lugar de eso, únase a unos pocos creyentes auténticos, informados, contagiosos. Aproveche de sus cerebros, observe su estilo de vida, estudie lo que les entusiasma. En verdad, empiece ahora a crear un nuevo círculo de «otros importantes» que practican la clase de fe que anhela tener.

Un «círculo importante»

Karen es esposa de un ministro, pero aún necesita su círculo de «otros importantes espiritualmente» para nutrir su fe. A través de ellos, tiene una fe que «impacta» y ha experimentado crecimiento. Quizás se debe a que Karen no tienen hermanas y su madre vive muy lejos de ella. Pero en cada iglesia en la cual ella y su esposo han servido (seis hasta aquí), Karen ha tomado la iniciativa de buscar una mujer cristiana de mayor edad y madura, para que sea su alentadora especial. Oran, desayunan, se ríen y lloran juntas. Estas amistades especiales le han dado a Karen crecimiento y desarrollo de su fe. ¡Nuestra fe crece cuando vamos donde ella está!

Hace mucho tiempo descubrí mi necesidad de un círculo que nutriera mi fe y donde pudiera acudir en busca de sanidad. A veces me siento más dudoso que creyente, de modo que tengo que alimentarme de la fe de otros que tienen la bendición del don de una fe robusta. ¡También necesito ayuda para continuar haciendo lo correcto! Esto puede significar cualquier cosa, desde mantener las disciplinas espirituales hasta resistir la tentación moral. Dependo mucho del grupo ante el cual debo rendir cuentas para mantener mi fe en el sendero preciso. Francamente, creo que todos necesitamos este sistema de rendir cuentas.

Las observaciones de Arterburn y Felton son paralelas a mi experiencia cuando destacan que por lo general «una persona no puede, con sólo leer un buen libro, tener un cambio radical en su vida (esto es, sin la intervención divina). El grupo provee un sistema de rendir cuentas y un nuevo vínculo que reemplaza al antiguo».[1]

La Biblia también enfatiza lo mismo. El apóstol Santiago escribe: «Confesaos vuestras ofensas unos a otros, y orad unos por otros, para que seáis sanados».[2]

Las personas con las cuales he tenido compañerismo por años como colegas en el personal de la iglesia nos conocíamos tan bien que podíamos notar lo que denotaba el movimiento de una ceja y llegamos a confiar los unos en los otros al punto de formular preguntas profundas. Nunca podría haber sobrevivido sin el amor y respaldo de esos colegas amados, varios confidentes y amigos en diversos lugares.

Cuando nos mudamos de Abilene, Texas, a Dallas, para aislarme por dieciocho meses para escribir, me sentía desnudo y vulnerable, fuera de mí mismo, sin alguien que me animara y a quien rendir cuentas. De modo que reuní a mi alrededor dos círculos de conocidos: uno era un grupo de colegas ministros y el otro un pequeño círculo de hombres de negocios creyentes. Estos «círculos importantes» me mantuvieron a flote durante esos tiempos solitarios cuando mi fe quizás hubiera flaqueado con facilidad.

Durante años, al viajar solo, planeo de antemano «ponerme en contacto» con amigos cristianos específicos al llegar la permisibilidad

1 Stephen Arterburn y Jack Felton, *Toxic Faith*, Oliver-Nelson, Nashville, 1991, p. 283.
2 Santiago 5.16.

de la falta de relaciones en alguna ciudad distante. Necesito tanto la idea de rendir cuentas como el estímulo. Cuando estoy en semejantes situaciones, las tentaciones parecen ser más grandes y mi fe tiende a desvanecerse. De modo que no confío en mí mismo. No estoy seguro de tener suficiente fe como para avanzar en el aislamiento. Es más, ¡no tengo la certeza de que algún ser humano lo hayan hecho para hacerlo!

Mantenga las relaciones de la fe

Quizás usted también necesite infundir en su vida estímulo y la responsabilidad de rendir cuentas, estableciendo relaciones con un círculo de estudio, grupo de oración o en los círculos sociales cristianos o grupos de recreación que lo pongan en contacto con otros cristianos fuertes.

Los cultos tradicionales de la iglesia y las clase el domingo son provechosas, pero muchos hallan que lo que reciben el domingo no es suficiente como para sustentarlos durante la semana. Las clases a mediados de semana a veces todo lo que hacen es añadir más presión a un horario ya insostenible. Además, algunas de estas actividades acaban pidiendo más *acción*, sin ofrecer más desarrollo espiritual personal.

Si quiere seguir avanzado en el camino de la fe, sólo debe buscar tiempo para estar con personas que lo respalden, que sean creyentes fervientes y no tan solo en «actividades religiosas». «Ir donde está la fe» significa llevar *toda su vida* (incluyendo su vida social) a donde están los fieles. Hacer nuevos amigos e ir a nuevos lugares con ellos: al gimnasio, al campo de golf, a los clubes de drama y a clases en la universidad o a la cafetería, son vitales en una estrategia de gran alcance para nutrir la fe.

A decir verdad, hay varias otras maneras excelentes para que las personas ocupadas «vayan donde está la fe». Por ejemplo:

- Un grupo de madres jóvenes se reúne en uno de los vehículos durante las prácticas deportivas de sus hijos. Ellas aprovechan este «tiempo muerto» para edificarse mutuamente en la fe, alternando diariamente entre el estudio bíblico y reuniones de oración. (En los días de partidos, por supuesto, ¡son las más ruidosas animadoras de sus hijos!)
- Un grupo esparcido de personas de negocios han acordado

seguir un programa de disciplina individual. Cada uno lee las Escrituras, reflexiona y mantiene un diario espiritual. El grupo se reúne periódicamente para un desayuno de discusión y oración. Pero la mayor parte del tiempo se mantienen en contacto una vez a la semana mediante una conferencia telefónica. De todas partes de la nación se reúnen a través de las líneas telefónicas durante treinta minutos de conversación, oración y rendición de cuentas. (Se turnan para pagar el costo de la conferencia telefónica.)

- Cuatro hombres de negocios de alto calibre y profesionales en Texas se comprometieron a leer cada semana un libro corto de la Biblia designado de antemano. Luego se reúnen a las cinco de la mañana el sábado, antes de jugar al tenis, para discutir las preguntas prácticas: «y, ¿qué?»
- Bernice es la anfitriona de un círculo de estudio bíblico y oración en su oficina, para mujeres que trabajan en su área de la ciudad. Cory dirige, en un restaurante cercano, un grupo similar para hombres y mujeres interesados que trabajan en una empresa de corredores de bolsa. Los miembros de ambos grupos informan que sin ese tiempo que pasan juntos se sienten sin raíces espirituales y sin recursos.
- Will, un hombre de negocios de Dallas, distribuye listas de casetes, artículos y libros selectos a un grupo de amigos. Estas personas leen o escuchan los materiales individualmente y mantienen contacto cada cierto tiempo por escrito o por teléfono. Luego, una vez al año, Will y su esposa, Fran, auspician un retiro de tres días para esos amigos que han estudiado durante el año sus recursos comunes.
- Un grupo de estudiantes de posgrado se van mensualmente a un retiro para practicar un poco de «soledad y silencio» y mantener centradas sus prioridades. Hace poco, por ejemplo, se reunieron para un desayuno un sábado por la mañana y vieron la película *Crimes and Misdemeanors* [Crímenes y ofensas], luego pasaron la mitad del día reflexionando sobre las preguntas de fe que suscita la película.

La iglesia correcta

Dondequiera que vaya para relacionarse con personas de fe, asegúrese que cae dentro de la vida de una buena iglesia.

Tal vez proteste: «Espere un momento. Mi experiencia con la "iglesia" es uno de los principales obstáculos para mi fe». Hasta pudiera objetar: «¡Usted no creería la basura que ocurre en *mi* iglesia!»

Pero *sí* la sé. Después de treinta años en el ministerio en iglesias chicas y grandes, en el centro de la política denominacional y habiendo asesorado a centenares de miembros y personas de la iglesia, créame, ¡lo sé! ¡Hasta pudiera decirle unas pocas cosas de las cuales usted ni siquiera habrá oído!

Por supuesto que las iglesias tienen grandes limitaciones, hasta riesgos. Son, después de todo, ¡colecciones de seres humanos! Las iglesias no se supone que sean perfectas; se espera que una iglesia sea un lugar donde la gente confundida y dudosa se reúne en varias clases de círculos y se ven la cara los unos a los otros para ayudarse mutuamente a seguir creyendo. Es de esperar que las iglesias no sean vitrinas de exhibición de trofeos de superestrellas espirituales, sino más bien salas de emergencia, atendidas por heridos que pueden andar.

Cuando usted acabe de hacer su lista de quejas, mire a su alrededor en busca de las personas cuya fe más admira. La aplastante mayoría de ellos son activos en las iglesias, son personas cuya fe se nutre allí, a pesar de todas las debilidades.

Si hasta el momento no se ha involucrado en alguna iglesia, empiece a buscar. Pero sencillamente llegar a la puerta del frente de una iglesia llena de extraños, quizás no sea el mejor modo de empezar. En lugar de eso, tómese su tiempo, y sea cuidadoso y metódico. Y si se siente un poco tímido, pida ayuda.

A lo mejor ni siquiera sepa dónde empezar. Para hacerlo, busque un amigo que le agrada, a quien respeta y que «asiste a una iglesia» e indague sobre la misma. Si le parece interesante y auténtico, pregúntele si podría visitar su iglesia y conocer a algunos de sus amigos, tal vez un pequeño grupo al comienzo. Pruebe con un grupo deportivo de una iglesia, un grupo de personas solteras, una clase de Escuela Dominical u otro grupo pequeño. Estos encuentros de grupos pequeños le darán un «sentir» de cómo es esa iglesia «detrás de las relaciones públicas».

Cuando oiga a algún ministro cuyos mensajes y cuya persona se avienen a usted, visítelo. Pida una cita o, mejor aún, invítelo a almorzar. Explíquele sus sentimientos y dudas. La mayoría de los ministros le ayudarán a conectarse con una buena iglesia y, más específicamente, con el grupo exacto dentro de esa iglesia que le será de mayor provecho para su crecimiento en la fe.

La investigación de Eugene C. Roehlkepartain sobre lo que hace «madurar» la fe recalca algunas cualidades que usted pudiera buscar, especialmente en una iglesia grande:

1. La congregación tiene un programa eficaz de educación cristiana formal, incluyendo clases de Escuela Dominical, estudios bíblicos, foros para adultos, actividades familiares, programas de música y drama, y clases para miembros nuevos.
2. Los miembros perciben que su congregación les anima a hacer preguntas, les desafía a pensar y espera que aprendan.
3. La congregación con éxito recluta miembros para que sirvan como voluntarios para ayudar a las personas en necesidad.
4. Los miembros perciben que la adoración del domingo es de alta calidad.
5. Los miembros ven a su congregación como afable y amigable.
6. Cada miembro experimenta el cuidado y preocupación de otros miembros.[3]

Si *ya* está en una iglesia pero no halla el estímulo y la responsabilidad que necesita, eche otro vistazo. Busque grupos pequeños con los cuales pueda conectarse en la plena vida de fe. Ore que Dios le dirija a encontrar un lugar de servicio de modo que tenga la oportunidad de estar hombro con hombro junto con otra persona de fe. Pídale sugerencias a su pastor u otro ministro en su iglesia.

Algunas veces, pero sólo como último recurso, quizás sea nece-

3 Eugene C. Roehlkepartain, «What Makes Faith Mature?» [¿Qué hace madurar la fe?], *Christian Century*, 9 de mayo de 1990, p. 497.

sario cambiar de iglesia. No quiero decir «andar de turista de iglesias»; ir de congregación en congregación y dejarla cuando no puede salirse con la suya. No hay tal cosa como una iglesia perfecta. Pero si después de mucha oración y arduo trabajo halla que su fe no puede crecer en su medio de fe en particular, busque en otra parte. Involucrarse en el cuerpo de Cristo es simplemente demasiado vital para su fe como para arriesgarse a pasarse sin ello.

Vaya donde están los creyentes

Tenga presente a través de su búsqueda que la fe nunca se descubre ni vive en soledad, sino que se inicia, refina y fortalece en una comunidad de fe. Mi corazón vibra con John Westerhoff, quien escribió:

> La fe no se enseña con ningún método de instrucción; sólo podemos enseñar religión. Logramos saber sobre religión, pero sólo podemos desarrollar, actuar y vivir en fe. Esta se puede inspirar dentro de una comunidad de fe, pero no puede dársela de una persona a otra. La fe se expresa, se transforma y cobra importancia mediante las personas que testifican de ella en una comunidad histórica, que sigue las tradiciones de la fe.[4]

La comunidad de fe es donde se expresa, estimula y se le da significado a nuestra particular manera de ver la vida. Nos necesitamos los unos a los otros. Si quiere fe, a pesar de las debilidades de la iglesia, vaya donde están los creyentes.

Vea el ejemplo de los Browns. Hacía mucho que no asistían a la iglesia. Un amigo fue a visitarlos y, sentados alrededor de la chimenea, escuchó su historia. Los Brown dijeron que no necesitaban la iglesia. Sentían que su fe «se apagaba» y decidieron que la iglesia «no les ayudaba en nada». Tampoco creían necesario el compañerismo con alguna clase de grupo pequeño cristiano.

—Nos parecía que teníamos mejores posibilidades para la fe en Dios si sencillamente andábamos por nuestra cuenta —explicó Gerard Brown—. ¡Creo que me siento más inclinado a la adoración mientras

4 John Westerhoff, *¿Tendrán fe nuestros hijos?*, Editorial La Aurora, Argentina (p. 23 del original en inglés).

pesco en el lago al amanecer o camino por la pista de golf, que lo que me sentí jamás en la iglesia!

Después de escuchar durante una o dos horas, el amigo finalmente rompió su silencio:

—Quiero que observen con mucho cuidado lo que voy a hacer —dijo dirigiéndose a la chimenea. Tomó en sus manos unas tenazas y las hundió entre las brazas ardientes. Sacó un carbón brillantemente encendido del mismo centro del fuego y lo puso en una esquina de la chimenea. A los pocos momentos el carbón empezó a perder su brillo, luego se puso gris, dejó escapar una nubecita de humo y por último se puso negro. Entonces mi amigo tomó de nuevo las tenazas y empujó de nuevo el carbón dentro del fuego. A los pocos momentos el carbón había perdido su negrura y recapturado su brillante resplandor.

Se quedaron en silencio por un buen rato. Luego Brown se aclaró la garganta y reconoció:

—Sí, creo que lo que me dice es que nuestra fe ha perdido su brillo. La fe no prospera bien en la soledad, ¿verdad?

Cuán cierto, Brown, cuán cierto. Si en realidad queremos crecer, debemos decidir ir donde la fe está.

¡La razón «vertical» por la cual los cristianos se reúnen es ofrecer adoración a Dios! La razón «horizontal» que reúnen a los cristianos es animarse mutuamente para perseverar en tomar la decisión de fe. Por lo general, la fe se debilita a menos que los cristianos encuentren un tiempo y lugar regular donde puedan mirarse a los ojos y decir, de una manera u otra, con franqueza y sin lenguaje elaboradamente piadoso: «Todavía creo. ¿Estás creyendo? Ayúdame a sobreponerme a mi incredulidad». En realidad necesitamos seguir diciéndonos esto los unos a los otros.

Y así, una vez que ha decidido que quiere creer, vaya donde está la fe. Las relaciones que la edifican son esenciales para el crecimiento. Y es esencial que la fe, recién hallada o renovada, descanse sobre algo digno de confianza.

9

Fe que apunta al blanco

Un tercer paso es aclarar el objeto de nuestra fe.

Los que hemos crecido en el oeste de Canadá somos expertos en algo: ¡hielo! (Lo tenemos bien frío.)

Permítame explicarle la verdad básica sobre el hielo. El hielo viene en dos clases: ¡grueso y delgado! Sobre el hielo grueso se puede andar. Del hielo delgado hay que mantenerse lo más lejos posible.

Cuando mi esposa, nacida en Tennessee, vino por primera vez al Canadá, no confiaba mucho en el hielo... ni siquiera en el grueso. Después de la primera helada fuerte del otoño, llevamos a la familia a «caminar y resbalarnos» en la superficie como vidrio del lago Woods. Pero Carolyn estaba nerviosa con toda la expedición.

Al expandirse, el hielo del lago cruje y chasquea, incluso cuando es lo suficiente grueso como para sostener un tanque. Pero esos sonidos eran nuevos para Carolyn, sin embargo, y la asustaron hasta el tuétano. Se imaginaba a toda la familia cayendo a través del hielo y ahogándose. Pero entonces un aeroplano apareció por entre las colinas, hizo un amplio círculo y, fíjense, aterrizó en la brillante superficie del lago. Luego, como si eso fuera poco para probar que el hielo era digno de confianza, un camión avanzó sobre el hielo para salirle al encuentro al aeroplano.

Después de eso Carolyn se calmó y empezó a confiar un poquito en el hielo. No mucho. Pero entonces, usted no necesita mucha fe para que el hielo grueso lo sostenga. Por otro lado, ¡puede colocar toda la fe del mundo en el hielo delgado y ahogarse por fe!

Esta es la verdad básica respecto a la fe. La cuestión más importante no es la cantidad que podamos reunir, sino la calidad de ser digno de confianza que posee el objeto de nuestra fe. Como Arterburn y Felton lo dicen:

> Dios no necesita un montón de fe. Necesita sólo una pequeña semilla de fe saludable con la cual obrar. Cristo la describe con el tamaño de una semilla de mostaza (Mateo 17.20). A partir de esa pizca de fe se puede conseguir lo imposible, *¡siempre y cuando se centre en Dios!*[1]

Así que, *tenga cuidado respecto al objeto de su fe.* Asegúrese de que confía en algo que puede sostenerlo.

Confiar en lo inconfiable

Sin importar cuán intensa y sincera sea su fe, si se basa en cualquier cosa que no sea Dios por medio de Jesucristo, es idolatría, y los ídolos siempre le fallarán. Más importante aún, la idolatría desviará su confianza en Dios.

Los ídolos adoptan muchas formas. Como Dan Anders escribió:

> Todos confiamos en alguna realidad esencial:
>
> el mundo de pensamiento del idealista
> el mundo de placer del hedonista
> el mundo estático del determinista
> el mundo práctico del pragmático
> el mundo irracional del existencialista
> el mundo secular del humanista
> el mundo teocrático del teísta.
>
> El asunto aquí es que no hay incrédulos. Todos creemos en algo que es nuestro «realísimo»; lo que Paul Tillich llamó nuestra «preocupación fundamental».[2]

Algunos, sin embargo, hemos tratado de confiar en objetos que no lo merecen. Algunos de estos «objetos en los que hemos confiado» son en extremo peligrosos.

Por ejemplo, algunos años atrás, cientos de personas se mudaron

1 Stephen Arterburn y Jack Felton, *Toxic Faith*, Oliver-Nelson, Nashville, 1991, p. 297.
2 Dan Anders, «Life Without Faith» [Vida sin fe], sermón predicado en la Central Church of de Christ y publicado por esta, Houston, TX, febrero de 1971, p. 3.

a Oregón para «creer» en un extraño hombre de baja estatura llamado el Bagwan Maharishi, quien se transportaba en un Rolls Royce. ¡Se apoderó del dinero y se esfumó! Más recientemente millones de iraquíes colocaron su fe en Sadam Hussein, con resultados aún más desastrosos.

Colocar mal la fe puede ser peligroso también. Si pongo mi fe en un ministro, es probable que me defraudará. A millares de personas sinceras las han esquilmado un puñado de teleevangelistas que pasaron por alto la ley, despilfarraron millones y sucumbieron moralmente. Otros pusieron su fe en Jimmy Jones, quien los llevó a la muerte en Guyana. Por supuesto, no todo ministro es un «Jim Jones». La mayoría de los ministros son auténticos. Pero incluso el más sincero es un ser humano, y tarde o temprano revelará sus pies de barro.

Ya hemos recomendado que una fe que crece debe nutrirse en una buena iglesia. Pero si coloco toda mi confianza en una iglesia, también, tarde o temprano, me desilusionará. Las iglesias no pueden salvarnos. No son perfectas. Errores, motivos diversos y actitudes equivocadas pueden estropear algunos de los mejores esfuerzos incluso en las iglesias más compasivas.

Algunas personas hasta confían en la misma fe. Pero «la fe en la fe» es poco más que una forma de autohipnosis. Años atrás, algunas cadenas de radio difundían unos anuncios titulados: «Esto creo». Una variedad de celebridades intentaban levantar el espíritu de la nación mediante cortas y positivas ideas en las cuales «realmente creían».

Sin embargo, hay poca sustancia en lo *que* se cree. Como extrañamente lo comentó un amigo mío: «Los anuncios contenían aproximadamente un setenta y cinco por ciento de "yo", veinte por ciento de "creo" y sólo un cinco por ciento de "esto"». En esencia, instaban a la nación a «creer en creer».

Algunas de las distorsiones de «fe en la fe» pueden parecer hasta cierto punto inofensivas. Una gélida tarde de otoño, allá en los divertidos diecinueve años que fui capellán del equipo de fútbol en una universidad, vi la «fe en la fe» obrando en las líneas laterales. Íbamos ganando por dos puntos y el tiempo se acababa, pero entonces nuestros oponentes saltaron sobre nuestro error al dejar escapar la pelota en nuestra línea de las cinco yardas. Un fornido y gigantesco jugador de línea empuñó su casco para dirigirse al campo de juego. Pero antes se arrodilló a mis pies, en el lodo y rogó: «Ore conmigo, capellán». Entonces empezó a cantar: «¡Todo lo puedo en Cristo que me fortalece!» ¡No pude sino mirar al otro lado del campo de juego y ver al corredor del equipo contrario también de rodillas!

¿Cómico? Por supuesto. ¿Inofensivo? Quizás no. El jugador parecía tener más fe en su fe que en Dios. Además, no honramos a Dios al intentar manipularlo para nuestros fines.

Para algunas personas religiosas el objeto de la fe puede ser en las respuestas correctas. («Está bien, tal vez no muestro ningún "fruto espiritual" y a lo mejor soy el tipo con quien es más difícil llevarse en toda la ciudad, pero, chico, puedo repetir centenares de versículos bíblicos».) ¡Difícilmente puede esperarse que esta clase de «fe» en pugna dé satisfacción o paz con Dios!

Es posible desplazar la fe en Dios con la fe en la Biblia como mi Dios; o, debería decirlo, en la perspectiva particular de uno respecto a la Biblia y su interpretación de lo que dice. En tanto que creo que la Biblia es la Palabra de Dios, ¡ella *no es* Dios! No adoramos al Libro de Dios, sino al Dios del Libro.

Quizás la más sutil idolatría adora con entusiasmo las distorsiones del verdadero Dios. ¡Sí! Es posible confiar en nociones erradas del verdadero Dios, en detrimento de nuestro bienestar social, sicológico y espiritual.

Por ejemplo, algunos ven a un Dios amante semejante a un abuelito sentimental y bondadoso en el cielo, que reparte salud y riqueza en abundancia, con quien se puede contar para malcriar a sus hijos con nada más que prosperidad, paz, éxito y placer. A primera vista, este dios parece atractivo. Pero promueve el egocentrismo. Y al final, forma seguidores desilusionados cuya «fe» no ha «dado los resultados» de la manera que esperaban. Cuando la gente coloca la fe en un concepto errado de Dios, ¡tiene serias repercusiones!

Otros ven a Dios como un tirano juez que dirige a sus súbditos mediante la culpa y el temor. Puesto que tendemos a ser como esos dioses que adoramos, este dios crea personalidades neuróticas e iglesias de mente estrecha.

Algunos tratan de «creer» en un Dios que acepta sólo a los que «son suficientemente buenos». Los que hemos tratado de creer en este dios perdemos pronto la esperanza. Este Dios me empujó a las pesadillas de mis años veinte. Durante ese tiempo, tenía el mismo sueño freudiano varias veces en el año. Al menos me parece que era freudiano. ¿O fue un sueño?

Noche tras noche me encontraba nadando en una piscina llena

de agua, cuya superficie estaba cubierta de globos. De alguna manera era mi responsabilidad sumergir todos los globos a la vez. Los reunía, me sentaba o acostaba sobre ellos, cualquier cosa con tal de lograr hundirlos. Pero seguían volviendo a la superficie. Los sumergía a mi lado derecho y salían saltando por el izquierdo. Cuando el sueño se acababa, veía algo escrito en cada globo: ¡los nombres de mis pecados más acariciados! Luego me despertaba sudando frío.

No se necesita ningún analista profesional para comprender las raíces sicológicas de estos sueños. Creo que eran síntomas de una mala teología. Trataba de «ser lo suficientemente bueno» para que «Dios me aceptara», para derrotar mis pecados mediante mis esfuerzos. Pero libraba una batalla perdida. Tal concepto distorsionado de Dios puede hacer que los dudosos se den por vencidos.

El único objeto digno de confianza

¡Ah, sí! Los falsos objetos de la fe inevitablemente desilusionan y algunas veces causan daño profundo y duradero. Uno debe discriminar respecto a lo que cree. La fe saludable no puede edificarse sobre «las caricaturas de Dios, creadas por nuestra sociedad obsesionada consigo misma». No puede basarse en lo que queremos que Dios sea, ni en lo que queremos que Dios haga. La fe saludable crece cuando los ídolos «se reemplazan con el Dios verdadero de la Biblia».[3]

Ni siquiera el conocimiento *acerca* de Dios es el objeto fidedigno en el cual confiar. Sólo Él lo es.

Un universitario relataba el momento en que se dio cuenta de esto por primera vez. Asistía fielmente a la iglesia. Sabía qué hacer y cuándo hacerlo. Sentarse. Ponerse de pie. Inclinar la cabeza. Depositar el dinero. Todo a su tiempo. Pero Dios nunca le pareció personal, sino hasta aquel domingo común cuando su congregación inclinó la cabeza para la bendición. La realidad se le iluminó como si fuera un rayo. «¡Vaya, estamos hablando con Dios!»

En su emoción se olvidó de sí mismo y tomó del brazo fuertemente al que estaba junto a él antes de que concluyera la bendición, y gritó tan alto, que su voz resonó por todo el santuario: «¡Oigan!

3 Arterburn y Felton, *Toxic Faith*, p. 296.

¿Saben lo que estamos haciendo? ¡Estamos hablándole *a Dios*! ¡*En realidad* estamos hablando con Dios!

Los ojos se abrieron desmesurados y las cabezas inclinadas se movieron con curiosidad. ¡Pero para este joven fue un magnífico momento de visión y perspectiva!

Si ganara un millón de dólares por hora durante el resto de mis días, no podría pagar el entendimiento que vino a mi vida desde que por primera vez experimenté la realidad impactante de que Dios estaba escuchándome a *mí* y que Él me ama a *mí*, Lynn Anderson. A pesar de mis pecados, me *ama*. ¡Y lo dijo desde una cruz!

En la cafetería del plantel de la Universidad de Victoria, en Canadá, cuelga este letrero:

> *Pregunta:* ¿Qué tienen en común estas cuatro personas?
> Abraham Lincoln
> Martin Luther King
> Florencia Nightingale
> Blas Pascal
>
> *Respuesta:* Todos tuvieron el mismo maestro. Al igual que la mayoría de las personas que han hecho una gran diferencia positiva. ¡Su nombre fue Jesucristo! Usted tal vez quiera considerarlo como una alternativa para un mundo que declina. Él ha demostrado ser un digno objeto de fe.

El cartel da precisamente en el blanco. Este blanco de una fe que vale la pena lo pinta el apóstol Juan: «Que creáis que *Jesús es el Cristo, el Hijo de Dios*, y para que creyendo tengáis vida en su nombre».[4]

El motivo para confiar en Jesús

Un día entablé una conversación con un jubilado que estaba sentado en un parque. De alguna manera llegamos al punto de hablar respecto a Jesús y le pregunté: «¿Quién piensa que es Jesús?»

Reflexionó un momento, luego sonrió con lo que parecía un rictus de condescendencia mientras replicaba: «Para mí Jesús es una idea simpática que nadie toma muy en serio... más o menos como Papá Noel».

4 Juan 20.31, cursivas añadidas.

¿Es así Jesús para usted algunas veces? ¿Y qué evidencia real respalda lo contrario?

Imagine que estamos en una corte judicial. Se está sometiendo a juicio la «realidad histórica de Jesús». Los testimonios empiezan con un grupo de testigos de la historia secular.

Primero, llaman al estrado a un antiguo emperador romano, Trajano. Este confiesa haber desatado una severa persecución contra los primeros cristianos. También testifica que Plinio, el gobernador de una pequeña provincia romana llamada Bitinia, le escribió respecto a estos procedimientos. Plinio había oído rumores que algo debía hacerse con los cristianos, pero no estaba seguro en qué consistía. El intercambio de cartas entre Plinio y Trajano tenía que ver con el trato que debía darse a los «seguidores de ese Galileo».[5] Ni Trajano ni Plinio llamaron a Jesús «Dios», pero ambos afirmaron que Él fue real.

Luego viene Tácito, un historiador romano y contemporáneo de Jesús. Declara que a Jesús lo ejecutaron «bajo el reinado de Tiberio César».[6] Esto corrobora el testimonio de la Biblia de que Jesús fue bautizado «en el año decimoquinto del imperio de Tiberio César».[7]

Llamamos a un tercer testigo al estrado, un historiador judío llamado Flavio Josefo, alrededor de treinta años más joven que Jesús. Él dice:

> Existió por este tiempo Jesús, un hombre sabio... si es que lícitamente se le puede llamar hombre. Porque era un hacedor de obras maravillosas, un maestro tal que los hombres recibían la verdad con placer. Atrajo a sí a muchos, tanto de los judíos como de los gentiles.[8]

Así Josefo, aun cuando nunca abrazó en verdad la fe cristiana, no sólo testifica de que un hombre llamado Jesús realmente vivió, sino que también habla de Él con asombro y se pregunta si era «simplemente un hombre».

Todavía otro testigo histórico es Cerinto, líder de un grupo que

5 William Melmoth, «To the Emperor of Trajan» [Al emperador Trajano], *Pliny Letters* [Cartas de Plinio], Harvard University Press, Cambridge, MA, 1963, libro 10, sección 96, p. 401.

6 Citado de *The Annals of Tacitus* [Anales de Tácito], XV.44 en Phillip Schaff, *The History of the Christian Church* [Historia de la iglesia cristiana], Eerdmans, Grand Rapids, 1910, vol. 1, p. 387.

7 Lucas 3.1.

8 William Whiston, tr., *The Life and Works of Flavius Josephus* [Vida y obras de Flavio Josefo], Holt, Rinehart and Winston, NY, n.f., p. 535.

se dividió y separó de la iglesia primitiva, y formó un movimiento opositor. Cerinto sostenía que la materia es inherentemente mala. Por consiguiente, Jesús no podía ser Dios porque Él no puede tocar la materia mala. De aquí que Cerinto explica a Jesús de otras maneras, pero en muchas ocasiones se refiere a «Jesús, el hombre de Nazaret». Y así, aun negando que «Dios se hizo carne», confirma que Jesús realmente vivió.[9]

Hemos oídos apenas unas pocas del coro de voces antiguas que pudieran llamarse de la historia secular. Pero «descansemos nuestro caso histórico» con las palabras de Albert Schweitzer, de su libro *Quest for the Historical Jesus* [La búsqueda del Jesús histórico]. Después de años de catalogar las referencias históricas al hombre Jesús, Schweitzer concluyó:

> Debe reconocerse que hay pocos personajes de la antigüedad respecto a los cuales poseamos tanta información histórica indudable, de quien tengamos tantos discursos auténticos. La posición es mucho más favorable, por ejemplo, que en el caso de Sócrates; porque a este nos lo pintan hombres literatos que ejercieron su capacidad creativa en el retrato. Jesús sobresale mucho más pronto ante nosotros, porque lo pintaron simples cristianos sin talento literario.[10]

Ahora llamamos al estrado a un segundo grupo de testigos: no historiadores seculares, sino los mismos escritores del Nuevo Testamento. Usted tal vez quiera objetar: «Ellos eran del grupo que *trataba* vender su mítico Jesús como una persona real. Citarlos es incitar las preguntas».

Tiene razón. Pero tenga presente que Mateo, Marcos, Lucas y Juan, los hombres que escribieron los Evangelios, fueron contemporáneos de Jesús. Sus oyentes originales también fueron contemporáneos de Jesús, algunos de los cuales fueron sus vecinos.

Ahora bien, si tratara de venderle a la gente alguna persona mitológica e inexistente, tendría mucho cuidado de lo que escribiría respecto a ella. Me hubiera abstenido de mencionar cualquier cosa que

9 John M'Clintock y James Strong, *Cyclopedia of Biblical, Theological, and Ecclesiastical Literature* [Enciclopedia de literatura bíblica, teológica y eclesiástica], vol. 2, pp. 190-191.

10 Albert Schweitzer, *Quest for the Historical Jesus*, Macmillan, NY, 1961, p. 6.

pudiera descartarse mediante la verificación. ¿No lo haría usted? Sería más bien vago. Sin duda, no usaría lugares, fechas, acontecimientos ni nombres.

Pero los escritores de los Evangelios parecen esperar que sus lectores verifiquen su historia. Asientan los datos, como diciendo: «Aquí están los hechos. Invitamos a la investigación».

Por ejemplo, Lucas escribe:

> Al *sexto mes* el ángel *Gabriel* fue enviado por Dios a una ciudad de Galilea, llamada *Nazaret*, a una *virgen* desposada con un varón que se llamaba *José*, de la casa de David; y el nombre de la virgen era *María*.[11]

Los datos de Lucas son abundantes y específicos: el mes, el nombre de la mujer, su estado civil, el nombre del hombre y la tribu, la provincia y la ciudad, incluso el nombre del ángel.

Mateo menciona el nombre del padre y su ocupación (carpintero), los nombres de sus hermanos (Santiago, Juan, Simón y Judas), el nombre de su madre (María) y el hecho de que tenía hermanas.[12]

Tenga presente: Mateo sabía que algunos de sus lectores serían de la localidad. Y todavía parece desafiar: «Está bien. Vayan, llamen a la puerta y pregunten: "¿Vivía en este pueblo un tipo llamado José?"

"Así es, tenía una carpintería más abajo por esta calle".

"¿Cómo se llamaba su esposa?"

"María".

"¿Tenían hijos?"

"Sí. Santiago, Simón, Judas, Jesús y algunas muchachas"».

Los lectores podían verificar con facilidad estos datos. Y, sin embargo, los cuatro escritores de los Evangelios deliberadamente incluyen un montón de información específica. No sólo nos dicen quién fue Jesús, sino también su lugar natal, por donde anduvo, durmió y comió, los nombres de sus amigos y enemigos. Qué le encolerizaba. Qué le alegraba. Dan el nombre de su padre, su abuelo, su bisabuelo. Incluso trazan el árbol genealógico de cuarenta generaciones atrás, hasta el mismo Adán.[13]

11 Lucas 1.26, cursivas añadidas.
12 Mateo 13.54-56.
13 Véase Lucas 3.23-37.

Ahora, ¡en serio! ¿Quisiera alguien ponerse de pie y repetir el árbol genealógico de Papá Noel? Para negar que el hombre Jesús vivió alguna vez, ¡tendría que negar los hechos o no saberlos!

Más que un simple hombre

Pero la existencia *humana* de Jesús no es la única cuestión, por supuesto. Es más, muchas personas que reconocen que Jesús el hombre realmente vivió y anduvo sobre la tierra no creen que es el Hijo de Dios. Algunos que hasta reconocen la bondad y sabiduría de Jesús y dicen aceptar sus valores no ven por qué sea importante que también crean en su divinidad.

Pero hay un problema con tal línea de pensamiento: Jesús mismo hizo audaces afirmaciones respecto a quién era y qué se proponía. Dijo que era más que un buen hombre o un maestro sabio. Es más, dijo que era la incorporación de la verdad de Dios, que irrumpió en el espacio y en el tiempo en una forma humana visible. Por eso dijo: «Yo soy el camino, y la verdad, y la vida», luego añadió: «nadie viene al Padre, sino por mí». Jesús también dijo: «Yo soy el pan de vida» y «Yo soy la luz del mundo». Hasta afirmó: «Yo soy la resurrección y la vida».[14]

A decir verdad, Jesús en realidad afirmó ser Dios. De modo que si no era el que decía ser, no podía haber sido sabio ni bueno. Hubiera sido o bien un lunático o un mentiroso.

Pero Jesús respaldó sus afirmaciones con demostraciones milagrosas de poder. Sanó a ciegos, sordos, mudos y leprosos. Sacó demonios y calmó la tormenta con una sola palabra. Jesús incluso dominó la muerte: primero la de su amigo Lázaro, luego la suya propia. Pero más allá de los milagros, dio validez a sus afirmaciones mediante su carácter. Jesús *era* lo que enseñaba. Subrayó cada cosa que dijo viviéndola en la práctica: «tentando en todo según nuestra semejanza, pero sin pecado».[15]

Como el apologista del siglo diecisiete Joseph Glanvill lo dice:

> No se trata de que hacer cosas maravillosas es la única evidencia de que el santo Jesús era de Dios[...] sino *la conjunción*

14 Juan 14.6; 6.35; 8.12; 11.25.
15 Hebreos 4.15.

de otras circunstancias. La santidad de su vida, la racionalidad de su religión y la excelencia de sus creaciones, añadían crédito a sus obras y fortalecían la gran conclusión, de que Él no podía ser otro que el Hijo de Dios.[16]

¿Por qué necesitamos un Jesús divino?

Aun cuando la Biblia aclara la divinidad de Jesús, usted quizás quiera preguntar: «Pero, ¿por qué lo necesitamos? Si hago lo que Jesús dice, ¿por qué es importante que crea que fue "Dios venido en carne"? ¿Acaso no puedo aceptar sus valores y llevar una vida buena sin todo este lío metafísico?»

Por supuesto que puede. A corto plazo. A la larga, sin embargo, estoy convencido de que se desilusionará. El cimiento de sus valores no será igual a los desafíos que la vida impondrá sobre ellos. Además, Jesús no vino sólo para mostrarnos cómo tener una vida buena. Todo el propósito de su venida fue satisfacer las más profundas necesidades humanas, necesidades que no pueden saciarse mediante un simple sistema de valores enseñado por un hombre sabio y bueno. Como dice la Biblia: «Si en esta vida solamente esperamos en Cristo, somos los más dignos de conmiseración de todos los hombres».[17]

¿Cuáles son estas necesidades que sólo un Cristo divino, un Jesús que es Dios venido en carne, puede llenar?

Necesidad #1: Un lugar seguro de paz

Primero, necesitamos un Jesús que no sea simplemente otro hombre, porque casi todo el mundo *busca un lugar sólido donde asentarse*. Todos necesitamos un fundamento seguro para nuestros valores; en verdad, para el mismo propósito de la vida.

A un amigo médico en Canadá le encanta hablar de deportes:

—¿Sabes una cosa? —observó para mi sorpresa—. En realidad, me gustaban más los días de antaño antes de los deportes televisados.

—¿Qué quieres decir?

—En estos días no puedes tener certeza de nada —dijo—. Pero

16 Citado en Douglas Groothius, «The Shamanized Jesus» [El Jesús shamanizado], *Christianity Today*, 29 de abril de 1991, p. 23.

17 1 Corintios 15.19.

antes podías contar con algo: *el árbitro siempre tenía la razón*. Ahora, con la repetición instantánea, ni siquiera puedes estar seguro de *eso*.

Tiene razón. Suspiramos y anhelamos un lugar sólido donde apoyarnos y decir: «Esto es cierto. Lo sé. Y apostaría mi vida en ello. No tengo por qué sentirme confuso. Puedo vivir con confianza».

Hace algunos años formé parte de un panel en un simposio sobre abuso de drogas en una escuela secundaria. A mi izquierda estaba sentado un estudiante de último año, locuaz e inteligente, pero bien metido en el escenario de la droga. Abiertamente hablaba de repetidas experiencias con alucinógenos, hierba y cocaína. A mi derecha había un farmacéutico y luego un abogado.

El abogado expuso las penas legales por el abuso de las drogas. El farmacéutico explicó los riesgos físicos y emocionales involucrados. El estudiante dio su respuesta. La audiencia permanecía en silencio, ¡excepto por los estallidos de carcajadas debido a las devastadoras frases de una sola línea del muchacho a mi izquierda.

Puesto que estaba allí, se suponía que debía decir algo, pero no sabía qué podría ser; a decir verdad, me sentía intimidado. Finalmente, me di cuenta que nunca habíamos hablado sobre la cuestión central:

—¿*Por qué* la gente se droga, al fin y al cabo? Sabiendo los riesgos legales, físicos y sicológicos, ¿por qué alguien deliberadamente decide abusar de sustancias químicas como un estilo de vida?

Volviéndome al estudiante a mi izquierda le hice la pregunta.

Al principio se me quedó mirando fingiendo sorpresa. Luego dijo:

—Hombre, tienes que volar para desprenderte de tu nido. ¡Drogarse es donde está el todo! ¡Es el *propósito esencial del ser humano*!

—Eso me suena como la razón apropiada —dije sin poder argumentar con su lógica. Luego le dije a la audiencia—: No pierdan el propósito esencial de la vida. Sea drogarse o darle un puntapié al perro de la abuela, si en realidad *es* el propósito fundamental del ser humano, no hay que dejar que sus padres, el abogado, el político ni el predicador le convenzan de lo contrario. *¡Si esto! ¡Si lo otro!* ¡Si en realidad es lo fundamental!

Pero entonces expliqué que pensaba que el joven se había conformado con un «fundamento» demasiado pequeño.

—¡Puedo pensar en un *fundamento* para la vida infinitamente superior al avance químico! No una *cosa*. ¡Es una persona! No *vivió*...

vive. Está en mí ahora. Y debido a que Él es, sé que yo soy y que la vida se dirige a alguna parte.

Le dije al estudiante que no temía morir, ni tampoco vivir. Recomendé a Jesús a los estudiantes.

—Tal vez ustedes no «compren» lo que les ofrezco: Jesús. Pero sean listos. Eviten la propaganda en su contra y verifiquen los hechos. Lean los documentos originales acerca de Jesús: Mateo, Marcos, Lucas y Juan. Si después de eso siguen rechazándolo, asegúrense de ser justos con ustedes mismos y busquen un fundamento que sea mucho mejor que Él... si pueden hallarlo.

En este punto, para mi absoluta sorpresa, ¡la audiencia *estalló en aplausos*! Era una escuela secundaria común y pagana, ¡como aquella a la que usted tal vez asistió! No pienso que el aplauso brotó debido a que los muchachos se divertían, ni siquiera porque estaban convencidos para aceptar a Jesús. Su aplauso significaba que había tocado un nervio. Es más, varios me dijeron después: «¡No sabemos para qué es la vida!»

Pero entonces un punto de visión real afloró.

El abogado con quien estuve en la plataforma se me acercó y me dijo:

—Mire, voy a serle franco. ¡Soy ateo! Pero no voy a denigrar lo que les dijo a esos muchachos; *¡todo el mundo necesita una muleta!*

De nuevo me sentí perplejo, pero en mis torpes intentos de mantener el hilo de la conversación, algo parecido a lo siguiente salió precipitadamente de mis labios:

—Tal vez tenga razón. No creo que los seres humanos fuimos creados para valernos por nosotros mismos. Quizás necesitamos muletas —y entonces, mirándolo a los ojos, pero todavía con cautela, me aventuré a preguntarle—: ¿cuál es su muleta?

Mejor hubiera sido haberle dado un soberano puñetazo en el plexo solar. Bajó la vista. Movió con nerviosismo los pies y se aclaró la garganta. Empezaba a sentirme abochornado: primero por lo que le dije y luego por el silencio que se hizo. Ambos nos sentimos estremecidos los inmensos pensamientos con que tropezamos.

—Pues bien, le diré —contestó—, ¡procuro estar siempre muy atareado!

En ese profundo momento ambos estábamos en el borde, contemplando el gran abismo de una desesperación que contrasta agudamente con la «esperanza» cristiana. Me parece que él también sintió el vacío. Tal vez hacía mucho que lo sentía. Dijo que «procuraba estar siempre muy ocupado». Me pregunto si lo que quiso decir es que se mantenía moviéndose lo suficientemente aprisa como para que el rugir del viento en sus oídos ahogara las voces interiores que persistían en hacer esas preguntas gigantescas: ¿Por qué? ¿Para qué? ¿Dónde está el lugar sólido para apoyarme? Sin un cimiento seguro, ¿por qué es importante la ley? ¿Y qué importa si arruinamos los cerebros y los cuerpos con drogas... si no somos más que una ameba superior?

Dios nos creó y sabe qué nos entusiasma. Si Él dice: «Así es como se debe vivir», su consejo será sólido. ¡*Podemos* apoyarnos en eso! Esta es la clase de cimiento que necesitamos para nuestros valores... para la vida misma. No una simple palabra de sabiduría humana, sino una palabra directa del Maestro, ¡de Dios mismo! Si Jesús es Dios, su camino será roca sólida.

Helen Young de la Universidad de Pepperdine dice que su fe en Jesús le parece como una cama grande, fuerte y cómoda. Y al final de un día agotador simplemente se deja en ella. ¡Ah, qué alivio! No se deja caer tímidamente, preguntándose si la cama será capaz de sostenerla. No, se deja caer a plomo, segura de que el marco la soportará como siempre lo ha hecho. Y no pasa toda la noche preocupándose: «Me pregunto si esta cama me sostendrá. Me parece que siento que se va a caer. Mejor será que me auxilie de algo». En lugar de eso, lo que hace es descansar segura en esa cama.

Todos anhelamos apoyarnos en alguien que sea digno de confianza. Y sólo si Jesús es Dios, podemos saber que en verdad es digno de confianza.

Necesidad #2: Una manera de sobrepasar la culpa

La necesidad de un fundamento confiable para nuestros valores y nuestras vidas no es la única razón por la cual necesitamos un Jesús divino. Además, consciente o inconscientemente, estamos desesperados por un Salvador que pueda *limpiar nuestros pecados*. En realidad, no queremos alguien que barra las cosas debajo de la alfombra, ni que nos convenza de que todo anda bien. *Sabemos* que algo anda radicalmente mal. Sabemos que somos culpables. Llevamos cargas de culpa, remordimiento y automenosprecio, algunas veces son tantas, que tenemos que negarlas sólo para resistir el día.

«Todos han pecado».[18] Esas son las malas noticias... y en realidad ni siquiera son noticias. Lo que necesitamos son buenas noticias: una manera de arreglar las cosas. Perdón. ¡Y ese perdón está disponible *solamente en Jesucristo*!

La sangre de Jesús, el unigénito Hijo de Dios, es lo único que puede arreglar las cosas. Sólo su sangre puede limpiar nuestro pecado y culpa.[19] Cuando se trata de atender nuestra culpa profunda y darnos la posibilidad de empezar de nuevo, únicamente el Hijo de Dios puede hacerlo.

Piénselo de esta manera:

Usted se encuentra en la sala de la corte ante un juez imponente. Acaba de ser con justicia declarado convicto y sentenciado a pagar una multa de cinco mil dólares. Si no paga ahora, será sentenciado a años de prisión. Pero usted no tiene ni un solo centavo a su nombre y no tiene manera de conseguir esa cantidad de dinero.

¡El mazo del juez cae! Desespera, usted baja la vista. ¿Qué va a hacer?

Luego se oye una conmoción alrededor del estrado. Alza los ojos y ve al juez que lo sentenció que acaba de bajar del estrado. Se quita su toga y se le acerca. Y ahora, de pie a su lado, saca su cartera y paga su multa... ¡hasta el último centavo!

Esto es exactamente lo que Dios hizo en la cruz. Pagó el precio completo por nuestros crímenes. Ese precio fue llevar la pena en nuestro lugar. A Cristo lo trataron como nosotros lo merecíamos, para que nos pudieran tratar como Él se lo merece. Murió por nuestros pecados, en los cuales no tuvo parte alguna, para que pudiéramos ser justificados por su justicia a la cual no contribuimos. Sufrió la muerte que nos pertenecía, para que pudiéramos tener la vida que le pertenece.

Isaías el profeta no exageraba cuando escribió:

> Ciertamente llevó Él nuestras enfermedades, y sufrió nuestros dolores[...] Mas Él herido fue por nuestras rebeliones, molido por nuestros pecados; el castigo de nuestra paz fue sobre Él, y por su llaga fuimos nosotros curados[...] mas Jehová cargó en Él el pecado de todos nosotros.[20]

18 Romanos 3.23.
19 1 Juan 1.9.
20 Isaías 53.4-6.

¿Por qué tenía que ser un Jesús divino? Ningún otro es lo suficientemente bueno como para ser capaz de pagar el precio de los pecados de usted, mucho menos por los de otras personas también. Dios seleccionó la única ofrenda lo suficiente digna como para pagar, en ese acontecimiento único, la pena de todos los pecados de los seres humanos a través de la historia. El Único digno a ese punto fue Jesús, el impecable Hijo de Dios. Solo Él pudo pagar nuestra deuda y abrirnos el camino al perdón.

Necesidad #3: Finalizar nuestra separación de Dios

Otra razón más por la cual necesitamos un Jesús divino es que *necesitamos a alguien que nos lleve de regreso a Dios.* Necesitamos reconciliarnos con Él. Y esto, también, ocurre a través de Jesús.

Si robara su automóvil, haría de usted un enemigo. A lo mejor no sabe que se lo robé. Pero mi corazón diría: «La gente no le roba automóviles a sus amigos. No, él *tiene* que ser mi enemigo». ¡Así es la naturaleza humana! De la misma forma nos alejamos de Dios. Con frecuencia lo consideramos como un enemigo cósmico, aun cuando *somos* los que le hemos ofendido a *Él.*

Pero Dios no se dedica a vengarse. Nos ama y quiere que volvamos a Él. Pero, ¿cómo? ¿Rayos? ¿Una voz atronadora desde el cielo? ¿Advertencias en la noche? ¡Cualquier intento de obligarnos a la fuerza a regresar serviría sólo para persuadirnos más de que es nuestro enemigo! Así que Dios nos atrae para que volvamos a Él.

Para ilustrarlo: George llegó a su casa furioso después de su trabajo. Mary dijo algo que no le gustó. Él le contestó con aspereza. Mary se defendió. George se desquitó y la insultó con palabrotas. El torrente de ultraje verbal corrió en abundancia antes de que él saliera dando un portazo.

Pero no había caminado ni siquiera media cuadra cuando George se sintió en ascuas: «¿Por qué le hago esto a la mujer que amo? Jamás había hecho algo así en mi vida. Pero lo hice. Ahora *nunca* querrá ni siquiera volver a hablarme. Uno no trata así a una mujer y luego espera que siga a su lado». Con esas, George sigue caminando a la cantina de una esquina para reforzar químicamente su imagen de la cólera de Mary.

Pero Mary no estaba furiosa. «Ese no es mi marido», reflexionaba. «Él no es así. No quiero que este incidente dañe nuestro matrimonio».

De modo que salió corriendo por la calle, llamándolo: «George, ¡regresa!»

En su torpeza, George sólo oyó a su esposa gritando amenazas. Mary llamó a la cantina, pero él no quizo recibir la llamada.

«Lo que quiere es mandar a la policía para que me metan en la cárcel. ¿Saben lo que le hice a esa mujer?»

Heather, su hijita de cuatro años, no pudo evitar participar en el drama. Mary trató todo el día de hablar con George, pero no lo logró. Finalmente, la noche cayó.

Desesperada, Mary acudió a Heather:

—Quiero que vayas conmigo a esa parte de la ciudad a donde no me gusta que vayas ni siquiera de día. Sé que es peligroso. Pero quiero que vayas a esa cantina y le digas a papá que lo amamos y que queremos que venga a casa.

Heather tenía miedo, pero cuando llegaron a la cantina, se desprendió de la mano de su mamá, entró al establecimiento y halló a su papá.

George seguía receloso.

—¿Te mandó tu madre para que me escupieras?

—No, papá —le dijo Heather poniéndole sus bracitos alrededor del cuello—. Mamá me mandó a que te dijera que te amamos. Queremos que vengas a casa.

¡Entonces Heather condujo a George a salir del local y a un cálido abrazo de *reconciliación*!

Esto fue lo que Dios hizo en la cruz... ¡a través de Jesús!

Dios veía cómo nos alejábamos de Él. «¿Cómo les voy a decir que los amo? ¿Cómo? Sus oídos están tan llenos de rebelión y culpa que no pueden oír mi voz. ¿Cómo llamarlos para que vuelvan al hogar?» De modo que el Padre dijo: «Hijo mío, quiero que desciendas al mundo, donde pueden destruirte». (Uno no puede ser tentado a hacer lo que no se debe, sin embargo, la Biblia dice que Jesús fue «tentado en todo según nuestra semejanza».[21])

Jesús descendió a nuestras oscuras calles para decirnos que el Padre todavía nos ama y anhela que regresemos al hogar. «Agradó al Padre[...] por medio de Él reconciliar consigo todas las cosas[...] haciendo la paz mediante la sangre de su cruz».[22]

21 Hebreos 4.15.
22 Colosenses 1.29-20.

¡Y tenía que ser Jesús! Él fue la única vía en que Dios pudo llegar a nosotros.

Permítame mostrárselo de una manera un poco más vívida. Imagínese que estamos en Jerusalén el día que Jesús murió. ¿Qué fue eso? ¿Alguien llama a la puerta?

—¡Oigan! Acompáñenme al Gólgota. Va a haber una crucifixión.

—¿De nuevo? ¡Bah! Ya conoces a los romanos. Una vez que has visto una crucifixión, ya las viste todas.

—¡No, No! Esta es diferente. Este hombre dice que está muriendo por Dios.

—Pues bien, ¿con quién está Dios enojado esta vez?

(Esta podría ser mi reacción a las noticias de la crucifixión de un Jesús que fuera simplemente otro hombre... aun cuando fuera bueno y sabio.)

—No comprendes. Este es uno que dice que *Él es Dios*.

De modo que nos dirigimos calle abajo y subimos la colina. Al llegar a la cruz, el cielo ya está oscuro; la tierra tiembla, las rocas se parten. Relámpagos fulguran en la colina como un reflector de luz, dejando fijo el semblante de Jesús en una secuencia de imágenes congeladas en la retina mientras Él exclama:

—Padre, perdónalos, porque no saben lo que hacen... en tus manos... encomiendo mi espíritu.

En medio del relámpago, se ve la silueta de un soldado romano que cae de rodillas reconociendo que:

—¡Este era el *Hijo de Dios*!

Cuando comprendo lo que Dios ha hecho mediante Jesús en la cruz, mi perspectiva cambia. La separación desaparece. Comprendo que Dios no es mi enemigo. Me ama, ¡lo suficiente como para morir por mí! Así es cuánto Él desea que regrese al hogar.

Es por eso que, por siglos, el mensaje de que «Cristo murió por mí» ha llevado a hombres y mujeres a caer al pie de la cruz. Sólo la cruz con un Dios crucificado cierra la brecha entre Él y sus alejados hijos.

Pero de nuevo, el hombre en la cruz tenía que ser el Hijo de Dios. La muerte de otro hombre hubiera incitado sólo más resentimiento contra Dios. La muerte de un ángel hubiera pasado inadvertida en nuestro mundo. Pero cuando el Hijo de Dios irrumpió en mi mundo y murió en una cruz, eso significa algo.

Como Pablo el apóstol lo dice: «Y a vosotros también, que erais en otro tiempo extraños y enemigos en vuestra mente, haciendo malas obras, ahora os ha reconciliado en su cuerpo de carne, por medio de la muerte, para presentaros santos y sin mancha e irreprensibles delante de Él[...] la esperanza del evangelio que habéis oído, el cual se predica en toda la creación».[23]

Necesidad #4: Un Dios que sabe nuestro nombre

Finalmente, necesitamos a Jesús porque *anhelamos un amigo cariñoso que nunca nos deje.* Necesitamos un Dios que sabe nuestro nombre.

Soy un alcohólico, aun cuando uno de honor. A través de los años he visitado muchas reuniones de los Alcohólicos Anónimos y entablado amistad con algunas de las más excelentes personas que conozco. Es más, me sentía tan atraído, que una noche, aun cuando no soy un bebedor, dije:

—Me gustaría que hubiera alguna manera de unirme a la organización, puesto que tengo tantos amigos aquí. ¿Debo emborracharme para calificar?

—¡Qué va! —respondieron a coro—. Lo haremos miembro de honor.

Y así ahora, cuando asisto a alguna reunión de los A.A., digo:

—Hola, mi nombre es Lynn, y soy un alcohólico de *honor*.

Pues bien, conocí a los Harders en una reunión de los A.A. cuando vivíamos en Canadá. Los Harders eran alcohólicos. Alf ya no tomaba; seco hacía más de dos años. Elsie estaba apenas en su primer intento y tenía ya más de cinco meses de sobriedad a su favor. Los Harders y sus preciosos hijos empezaron a asistir a nuestra iglesia. Entonces Elsie me preguntó si daría el «quinto paso» con ella, que es aquel en que «reconoce ante Dios, usted mismo y otro ser humano, la naturaleza exacta de sus equivocaciones».

Lo hice con gusto, y Elsie se portó de maravilla hasta la primera gran caída. ¡Pum! Desapareció un día. Se corrió la voz de que se había emborrachado y que se había escapado con Bill Dunne, un alcohólico que vivía en la reservación indígena cercana. Bill tenía una historia

23 Colosenses 1.21-23.

violenta. Estaba en libertad bajo palabra, había cumplido una condena por atacar a tres oficiales de la Policía Montada.

Alf se enteró dónde se alojaban Elsie y Bill. Me dijo que ella me escucharía. ¿Podría ir para ver si regresaba a casa, a él y a los hijos?

Cuando llegué al hotelucho donde se decía que Bill y Elsie vivían, no vi a Bill por ningún lado, pero Elsie salió. Se mostró cordial y estuvo dispuesta a hablar. Montó en el automóvil y al comenzar una esperanzada conversación, un taxi se acercó y de él se bajó Bill Dunne.

Ahora bien, he visto a Bill unas tres veces, pero sólo en una de ellas estaba sobrio... y aquella definitivamente no era su ocasión de sobriedad. Me vio en el automóvil con Elsie y creo que se figuró que era el amante número tres. De modo que se precipitó al vehículo, tratando de abrir la puerta y extrajo un «enorme» cuchillo. (En realidad era sólo una pequeña navaja de bolsillo, con una hoja de unos tres centímetros y embotada, pero a mí me pareció como una espada de samurai.)

Elsie levantó mi Biblia a la ventana y por alguna razón ese gesto aplacó a Bill. Se calmó un poco y me invitó a que entrara para «hablar»... una invitación que no creí sensato declinar.

Una vez dentro, Bill empezó a expresar tumultuosamente la historia de su vida de alcoholismo y violento abuso, tanto verbal como físico. Parte del tiempo Bill colocaba la navaja debajo de mi quijada y amenazaba «sacarme todas las tripas». Pero la mayoría del tiempo estaba de rodillas abrazándome las piernas y suplicando ayuda.

—Mi papá siempre me decía que no servía para nada —recordaba Bill—, y tenía razón. Solía decir: «Bill Dunne, nunca le caerás bien a nadie, ni te querrán... ni tu madre ni yo. Porque no sirves para nada».

Incluso si Bill me hubiera ofrecido la oportunidad de irme, no estoy seguro que hubiera podido. Después que pasaron un par de horas, a Bill se le pasó la borrachera lo suficiente como para que desapareciera la incoherencia y la violencia. Le puse las manos sobre los hombros y le dije:

—Bill, ¿entiende lo que le digo? No hay ninguna razón para que se haga usted mismo o a otras personas lo que está haciendo, porque hay un Dios que lo conoce por nombre.

—No, sólo soy otro indio borracho.

—Usted es un ser humano, hecho a imagen de Dios. Él lo conoce y lo ama. Es más, lo ama tanto que si fuera la única persona en el universo, aún así Él hubiera enviado a su Hijo para que muriera por usted.

Bill se quedó mirándome con lo que me pareció una expresión de perplejidad:

—¡Vaya! ¡Jamás había oído algo parecido en toda mi vida!

Dos semanas después vi de nuevo a Bill. Tenía que hablar en una reunión de A.A. de toda el área, en ocasión del cumpleaños del fundador. Cuando me levanté para hablar, no pude creer lo que veían mis ojos. Allí estaba sentado Bill Dunne, con los ojos limpios, bien rasurado y vistiendo traje y corbata. Después de la reunión y tan pronto como pude, me le acerqué y le hablé:

—Bill Dunne.

—¿Lo conozco de alguna parte? —preguntó.

De modo que puse mis manos sobre sus hombros y le dije:

—Bill Dunne, hay un Dios que lo conoce por nombre...

—Ah, de modo que usted es el tipo. Escuche, lo que me dijo me golpeó más duro que cualquier otra cosa que jamás he oído. Y, ¿sabe una cosa? No he bebido desde esa tarde. Es el período de sobriedad más largo desde que era muchacho.

Esa fue la última vez que vi a Bill, porque a la semana siguiente nos mudamos a Texas. Quisiera saber qué pasó después. Pero nunca olvidaré lo que una simple frase hizo por Bill Dunne.

Asegúrese de oír mi punto. No sugiero que este proceso sea una cura para el alcoholismo en una sola inyección. (Por lo general, los grupos de respaldo, tales como los A.A., son los instrumentos más eficaces de Dios para eso.) Pero lo que estoy diciendo es que hay tremendo poder en saber que el Todopoderoso nos ama a cada uno, y que Jesús nos ofrece esperanza y dignidad. Bill dijo que esto estremeció su mundo más que ninguna otra cosa oída antes.

Esto es lo que la gente necesita. No sólo creer que hay una fuerza creadora en algún lugar del otro lado del espacio, sino saber que le importamos a un Dios amante que está muy cerca.

Como Buechner dice, no es que simplemente queramos una mente detrás «del acerado brillo de las estrellas».[24] Queremos una relación con un Dios que conoce nuestros nombres, que anda con nosotros por estos escarpados caminos.

24 Frederick Buechner, *Magnificent Defeat* [Derrota magnífica], Seabury, NY, 1983, p. 47.

Pero Dios *es* el que camina con nosotros por estos caminos. Jesús no es un simple hombre compasivo. Es un Dios misericordioso que se acerca y nos trae su amor en forma humana, de carne y hueso. Si Jesús fuera un simple hombre, su amor no sería lo suficiente puro, ni fuerte, ni profundo como para llenar nuestra necesidad de amor divino.

El blanco de su fe

¿Cuál es el objeto de su fe? ¡*Realmente* importa lo que cree! O, más importante, *en quién* cree.

Permita que Jesús sea el objeto de su fe. Jesús es Dios; por lo tanto, Él es el lugar sólido donde apoyarse, el que puede limpiar sus pecados, el que le llevará de regreso al hogar, el amigo cariñoso que conoce su nombre y que nunca le abandonará.

No está lejos. Cuando nos acercamos a Jesús por el camino de la fe, Él anhela venir a nuestro encuentro. Y los que vienen saben que la vida nunca será la misma:

Le conoceré cuando venga,
No por ningún repicar de tambores,
No por aires de superioridad,
No por nada que vista;
Tampoco lo conoceré por su corona,
Ni lo conoceré por su vestido,
Pero su presencia será conocida
por la santa armonía
que su venida produce en mí.[25]

Y así, si quiere que su fe crezca, decida comprometerse con ella. Rodéese de personas que creen. Aclare el objeto de su fe: Jesucristo, el Hijo del Dios viviente. Examine la *evidencia* que apunta hacia Él como el objeto de la fe. Reflexione en cómo Él es *digno* de la fe. Persista en llegar a *conocerle*. (El capítulo 10 le dará algunas orientaciones sobre cómo hacerlo.) Y a medida que le conoce más y mejor, su anterior indiferencia se transformará radicalmente. Su vida traerá nueva vitalidad a la suya.

25 Autor desconocido, citado en J. Wallace Hamilton, *Who Goes There?* [¿Quién anda allí?], Revell, Westwood, NJ, 1968, p. 34.

10

Fe que alimenta

Un cuarto paso es alimentar la mente de uno con material que edifica la fe.

Mi amigo Ted decidió que durante sus años de Escuela Dominical le habían lavado el cerebro para que favoreciera a la fe cristiana. De modo que al dirigirse a la universidad, dijo: «Bien, crecí en la iglesia y asistí a la Escuela Dominical toda la vida. Ya he *oído* la razón para el cristianismo. Ahora quiero oír la otra parte. Deseo leer los libros de los mejores cerebros entre los incrédulos que pueda hallar.

¡Eureka! Antes que pasara mucho tiempo, Ted se convirtió en un incrédulo práctico.

¡No hay ningún misterio! Las dudas de Ted crecieron debido a que acumuló en su mente *material que alimentaban las dudas*.

Seleccione sus pensamientos

Aunque no lo crea, una persona sí escoge la clase de pensamientos que tiene. Los nuestros vienen de lo que ponemos en nuestra cabeza. Si decide que quiere creer y luego alimenta su mente con material que edifica la fe, llegará a ser un creyente. Si, por el contrario, prefiere alimentar su mente con una dieta continua de materiales que edifican la duda, ¡llegará a convertirse en un incrédulo! Es casi así de simple.

Si en realidad quiere ser un incrédulo, hallará abundancia de poderosa literatura para ayudarle a confirmar su elección. Tal vez quiera empezar con *Letters from the Earth* [Cartas desde la tierra] de Mark Twain, en la cual el escritor dice: «¡Providencia especial! La frase me da nauseas. Dios no sabe que estamos aquí y ni le importaría si lo supiera».[1] O trate de leer el libro de Bertrand Russell, *Why I Am Not a Christian* [Por qué no soy cristiano]. Le hará volar la tapa de los sesos.

Ted leyó ambos libros... y otros. Pero no jugaba limpio. Las Escuelas Dominicales en que creció las dirigían maestros pobremente informados y en situaciones educativas mucho menos que eficaces. La teología que se predicaba en el púlpito de su juventud carecía de relevancia y profundidad. Sin embargo, lanzó la endeble teología de la fe de la Escuela Dominical a una contienda de vida o muerte con *la duda a nivel universitario*. ¡No era competencia!

Si quiere explorar las alternativas a la fe, asegúrese de que es justo con usted mismo al respecto. Explore el mejor pensamiento disponible en *ambos* lados.

Y una vez que haya decidido que definitivamente *quiere* creer, propóngase con firmeza introducir dentro de su mente material que edifique la fe. Por «material que edifique la fe» quiero decir libros, casetes, conversaciones, películas, programas de radio y televisión, música y otros mensajes que:

- estimulen su fe,
- enriquezcan su comprensión de Dios,
- le guíen a formar un estilo cristiano de vida,
- le ayuden a examinar los obstáculos intelectuales a la fe,
- le suplan la evidencia que respalde la fe,
- le estimulen a tener integridad de corazón,
- le conduzcan a avanzar más en su relación personal con Dios.

La fuente principal

Por supuesto, la fuente fundamental de material que edifica la fe es la Biblia. Las Escrituras la ayudan moldeando una perspectiva y visión completa y atractiva de Dios. Como lo dice el apóstol Pablo en su carta a los Romanos: «La fe viene por el oír, y el oír por la palabra de Dios».[2]

Pero, ¿cómo la «fe» viene por el «oír» las palabras de las Escrituras? ¿No se trata de una técnica de lavado cerebral: escuche algo con suficiente frecuencia y empieza a creerlo?

1 Citado en J. Wallace Hamilton, *Who Goes There?* [¿Quién anda allí?], Revell, Westwood, NJ, 1968, p. 13.
2 Romanos 10.17.

El lavado cerebral *puede* actuar así; Adolfo Hitler persistía en repetir porciones de su libro *Mi lucha* hasta que le lavó el cerebro a toda una nación. Pero esto no es lo que Pablo quiere decir. Tampoco quiere decir que el vasto conocimiento bíblico necesariamente produce fe. Podemos conservar nuestros cerebros con información bíblica y sin embargo no desarrollar una relación personal, de confianza, con Dios. ¡Conozco a varios agnósticos que ostentan doctorados en literatura bíblica!

No, Pablo avanza para distinguir entre simplemente «oír» y «saber» o «comprender».[3] Es la diferencia entre *leer* y *prestar atención*. Y es al prestar atención a la Palabra de Dios que nuestra fe crece.

Y, ¿qué ocurre cuando realmente oímos la Palabra de Dios? Cuando Dios dice algo y lo ponemos en práctica, la Palabra misma se reafirma en nuestra experiencia.

Las Escrituras prometen, por ejemplo, en el Salmo 1, que la persona que «en la ley de Jehová está su delicia» y que «en su ley medita de día y de noche», a la larga será bendecida con una vida fructífera. Gran idea... pero, ¿cómo sabe uno que esta idea es cierta? ¡Actuando según ella! Y a medida que lo hago, «medito» y me «deleito» en la Palabra, al fin y al cabo el fruto del Espíritu en efecto empieza a aparecer en mi vida. Entonces *sé* que es verdad. La Palabra de Dios se autoconfirma.

La Palabra se autoratifica también de otra manera. Apunta a nuestros sentimientos mediante lo que llamo las experiencias «¡Ajá!»

Todos atesoramos muchos sentimientos privados que nos son muy reales, sin embargo, tan complejos o tan enormemente personales que no podemos hallar palabras para explicarlos, aun si quisiéramos hacerlo. Ciertos temores. Tentaciones especiales. Pequeñas alegrías. Punzantes dolores. Oleadas de emoción. El sonido de una vieja canción despierta un mundo entero de recuerdos dormidos. Una fragancia desata explosiones de nostalgia y dolor. Un rostro del pasado agita viejos misterios personales.

Constelaciones de estos sentimientos atiborran la experiencia diaria. He considerado presentar un ejemplo de una de esas experiencias en este punto. Pero, después de días de garabatear y no conseguir

3 «Pero digo: ¿No han oído?[...] También digo: ¿No ha conocido esto Israel?» (RV-60). «Pero pregunto: ¿Acaso no oyeron?[...] De nuevo pregunto: ¿Acaso no entendió Israel?» (NVI).

nada, me siento un poco abochornado por haber pasado por alto lo obvio. ¿Cómo *puedo* dar un *ejemplo* de algo que es tan privado, complejo y sumamente personal que desafía a las palabras? Si pudiera encontrar palabras para describirlo como para que usted lo entienda, no podría ser la clase de experiencia sobre la cual estoy hablando. Sin embargo, a estas alturas sospecho que usted comprende bastante bien lo que quiero decir y que ya está recordando algunas suyas. Las tiene, también, ¿verdad?

Algunos pasajes de las Escrituras se cruzan con estas cosas «indescriptibles». A medida que lee a través de la Biblia, algún concepto roza al pasar a otro conforme los dos convergen con uno de esos misterios personales y, ¡eureka!, tenemos una experiencia «¡Ajá!» La Palabra de Dios examina estos lugares privados desde frentes múltiples, penetrando «el alma y el espíritu, las coyunturas y los tuétanos, y discierne los pensamientos y las intenciones del corazón».[4]

Las primeras veces viene como una sorpresa: «¡Ajá! Pensé que este libro lo escribieron simples pescadores, campesinos y cobradores de impuestos. Sin embargo, hace dos mil años escribieron cosas que resuenan precisamente en mi corazón y diagnostican el alma misma de mi siglo veinte. ¿Cómo esas personas de la antigüedad tuvieron una visión tan acertada de la vida moderna?»

Pero después de un tiempo llegamos a esperar la experiencia «¡Ajá!» y hasta a buscarla. La Palabra viva de Dios examina con agudeza estos sutiles matices y articula experiencias privadas que nosotros mismos no pudiéramos expresar. Mientras más vivimos en la Palabra de Dios, más fresca y privada visión obtenemos, ¡y más «¡Ajá!» nos viene!

Hace algún tiempo Rut tomó asiento en nuestra sala. Vino a nuestra casa directamente del hospital, donde se había estado recuperando de otro intento de suicidio. Rechazada por su familia años antes, se convirtió al cristianismo y luchaba sola. Más tarde, Rut cayó en una destructiva relación codependiente. A la larga, su amante la abandonó. Ahora ella se sentía muy culpable, sucia e inútil.

Rut dijo que no quería ir a su casa porque temía matarse. Incluso dijo:

—No puedo ver absolutamente ninguna razón para vivir. No val-

4 Hebreos 4.12.

go nada para nadie. Si Dios en verdad me ama, de seguro que no le importará que me mate.

Casi en ese instante mi hijo de tres años apareció saltando por una esquina. Cuando sus ojos se encontraron con los de Rut, una sonrisa de pura luz del sol surcó su rostro y todo su ser respondió, dirigiéndose al niño. Por supuesto, él respondió también con una amplia sonrisa.

Entonces surgió la chispa de la esperanza.

—No hay manera en que pudiera decirle cuánto quiero a ese muchachito —le dije— y usted acaba de hacerlo sonreír. Aprecio a cualquiera que hace feliz a mi hijo. Ahora bien, Dios tiene cientos de hijos por todo el mundo. Él los ama más de lo que yo jamás pudiera amar a mi hijo. Él quiere que sean felices. Y nos ama tanto, que la Biblia dice que nos «ha dado a su Hijo unigénito».[5] Él le ha dado a usted, y a cada uno de nosotros, una manera única de hacer que sus hijos sonrían.

»Si acaba con su vida, en realidad bloqueará el amor de Dios por usted y por todo aquel que su vida puede impactar. Aniquilará un reflejo de Dios mismo y le robará a algunos de los hijos de Dios la sonrisa que Él les envía a través de usted.

Pienso que esta fue una experiencia «¡Ajá!» para Rut. Varios días más tarde, todavía medio deprimida, pero mucho mejor, dijo:

—Pienso que esta vez saldré adelante. Antes no me daba cuenta de cuán importante soy para Dios; y que Él en realidad puede estar contando conmigo. Ya no me siento como si fuera una no persona. He empezado a visitar al sicólogo. Y me encuentro pensando de nuevo mucho en Dios. ¡Tengo esperanza!

Esta experiencia «¡Ajá!», este momento «¡eureka!» cuando algo profundo de la Palabra de Dios se conectó con algo profundo en Rut, fue el momento cuando ella captó un vislumbre de la «bondad de Dios» en su persona. ¡Su *creencia acerca de* Dios estaba convirtiéndose en *fe en* Dios!

Este fenómeno «¡Ajá!» ha ocurrido tantas veces en mi vida que una red casi ineludible de fe se ha entretejido alrededor de mi corazón. Las Escrituras se autoconfirman una vez tras otra en mi vida. He «experimentado» estas «verdades», ¡de modo que «sé» su verdad!

5 Juan 3.16.

Los desafíos «incontestables» ya no amenazan mi fe, porque «sé» que es verdad. He «experimentado» la verdad de ella. La «fe» ha venido por «oír» la Palabra... ¡y saberla! (Esta «fe edificada» en las cualidades de las Escrituras se describen en más detalle en el capítulo 11.)

Otros recursos

Sin embargo, la Biblia no es de ninguna manera el único recurso disponible de los que edifican la fe. Algunos de los mejores cerebros de los siglos han escrito volúmenes elaborando las razones por las cuales creen y proveyendo perspectivas de la fe.

Una lista de materiales que edifican la fe aparece en el apéndice, con sugerencias respecto a posibles lugares para empezar. Algunas de las mejores obras están ahora disponibles en diversos medios: música, videos, casetes, libros y radio. Los libros que menciono en mi lista cubren toda la gama, desde lo elemental hasta lo erudito.

Sin importar el nivel de interés que quizás tenga, amplios recursos que edifican la fe están listos para entrar en acción para usted a cualquier velocidad en que desee viajar o a cualquier nivel en que se encuentre su interés. Pero la responsabilidad es suya. Usted *en efecto* controla lo que piensa. Es más, si quiere creer, usted es la única persona que puede invitar a que vengan a su mente estos materiales que le edifican.

Decida leer esos libros que benefician la fe. Escuche buenos casetes. Vea videos cristianos provechosos. Escuche música cristiana. Sintonice en su radio buena música. Inicie conversaciones que edifiquen su fe. Usted *puede* decidirlo.

La oración como recurso

¿Consideraría la oración como una forma de «alimentar la mente con material que edifica la fe»? Yo sí... si usted escapa de la trampa de usar la oración como la única oportunidad para decirle a Dios qué debe hacer. Si se acerca a la oración desde una perspectiva saludable, será una fuente de valioso aprendizaje de la Palabra viva; y el mismo proceso de estar con Dios le edificará también la fe.

Pero la oración es un problema para algunos de nosotros, los dudosos. A veces tal vez nos parecerá que nadie nos escucha. O quizás tememos pedir alguna cosa, porque ya lo hemos hecho antes y no hemos logrado nada. Algunas veces hasta podemos sentirnos un poco ridículos, sentados a solas en una habitación, hablando en voz alta a Alguien invisible y que nunca parece mantener el hilo de la conversación (sí es que, en verdad, está por allí, de todas maneras).

Tal vez esto es porque esperamos que Dios conteste de ciertas maneras; si no lo hace así, dudamos. Pero yo creo que Dios siempre contesta nuestras oraciones, de una manera u otra. Bill Hybels cita a un amigo quien describe las respuestas de Dios de esta manera:

- Si la petición es equivocada, Dios dice: «No».
- Si el tiempo es inapropiado, Dios dice: «Despacio».
- Si *usted* está equivocado, Dios dice: «Crece».
- Pero si la petición y el tiempo son los precisos y usted está en lo correcto, Dios dice: «Adelante».[6]

Sin duda, la oración no alimentará su fe si da por sentado que el propósito esencial de esta es *hablarle a Dios*, especialmente pedirle cosas. La oración también significa *escuchar a Dios*. A veces me quedo en la línea de petición tanto tiempo, que cuando Dios trata de comunicarse, estoy seguro que recibe la señal de ocupado. A lo mejor nuestras oraciones «parlanchinas» lo dejan preguntándose si alguna vez logrará decir lo que tiene para nosotros.

Pero cuando nos quedamos quietos ante Él en oración, nos habla. ¿Cómo? Lo hace mediante su Palabra, cuando una sorprendente pero oportuna y muy necesitada revelación salta de la página o emerge en nuestra memoria. Nos habla de su amor y cuidado en las palabras y acciones de un amigo que nos apoya o escucha. Nos guía mediante las preguntas agudas de algún compañero creyente interesado o el ejemplo de alguien que respetamos profundamente. Hasta nos habla a través de lo que parecen ser amargas decepciones.

Sin embargo, Dios también nos habla por medio de impulsos internos más directos. Las Escrituras afirman que los creyentes son controlados por el Espíritu Santo «porque mora con» ellos; así que deben vivir «según el Espíritu» y ser «guiados por el Espíritu», andar «en el Espíritu» y orar *«en todo tiempo con toda oración y súplica en el Espíritu»*.[7] Sin embargo, aun cuando estos «impulsos de oración» del

6 Bill Hybels, *Too Busy Not to Pray* [Demasiado ocupado como para no orar], InterVarsity Press, Downers Grove, IL, 1988, p. 74.

7 Juan 7.37-39; 14.16-18; Romanos 8.9,14-17; Gálatas 5.16-26; Efesios 6.18, cursivas añadidas.

Espíritu quizás resulten demasiado subjetivos como para hacerlos públicos y, por supuesto, deben verificarse con las Escrituras, son reales e importantes para alimentar nuestra fe. Con el tiempo, conforme actuamos en base a estos impulsos, cobramos confianza en ellos; llegamos a reconocer y a confiar en una voz familiar.

En realidad, el significado de la oración va mucho más hondo que colocar peticiones delante de Dios o incluso escucharle... y comprender este significado mucho más profundo nos ayudará a aclarar algunos de los aspectos problématicos de la oración. *El propósito esencial de Dios en la oración es llevarnos a Él mismo.* Dios hará todo lo que sea necesario, incluso permitirnos sufrir, para lograr tal propósito.

En un sentido, entonces, la oración (incluyendo la «no contestada») es la arena en la cual ganamos la batalla entre la voluntad de Dios y la nuestra; no debe asombrarnos que a menudo sea una arena en torbellino.

El apóstol Pablo oró tres veces respecto a algún problema que lo acosaba: «Dios, quítamelo». Y Dios le contestó tres veces: «Quédate con él. Lo necesitas para aprender que soy suficiente para ti».[8] Dios participó también en la vida de oración de Jesús, pero eso no evitó el llanto, el dolor, la desilusión, la humillación e incluso la muerte. Jesús oró que su Padre le librara de la muerte. Y su Padre contestó... ¡con una cruz!

¿Qué, entonces, de los versículos de la Biblia que prometen respuestas directas a las oraciones?[9] Estos versículos reiteran el propósito de Dios. Nos recuerdan que Dios *en efecto* contesta, y que no hay nada que no hará para acercarnos a Él. No hay montaña que no pueda mover, no hay milagro que no pueda realizar, no hay recurso que retenga con tal de ayudarnos a lograr ser uno con Él.

Si un hijo le pregunta a su padre: «¿Me darías cualquier cosa que quiera?» El padre contestaría: «¡No!»

«Entonces, ¿qué me darás?» El padre respondería: «Hijo mío, ¡te daré *todo*!»

Así sucede con Dios.

Sí, hay ocasiones cuando toda la cuestión de la oración parece alimentar nuestras dudas. Si ponemos nuestra confianza en conseguir

8 Véase 1 Corintios 12.8-9, paráfrasis mía.
9 Ejemplos: Mateo 17.20; 18.19; 1 Juan 5.14-15.

de Dios cualquier cosa que pidamos, nos desilusionaremos. Hasta podemos perder nuestra fe en la oración... o quizás en Dios. Pero la oración nutrirá nuestra fe si buscamos los propósitos de Dios, no nuestras preferencias. En las palabras de Katharina von Schlegel:

Quédate quieta alma mía,
Tu mejor y celestial amigo,
A través de sendas escarpadas,
¡Te guía a un final gozoso![10]

Si todavía no está convencido, no me lo crea. En lugar de eso, observe cuidadosamente a las personas que oran. Lo que hallará, lo predigo, es que los que se quedan en ella por más tiempo tienden a ser los que creen más profundamente. Y, a partir de su experiencia, le dirán: El tiempo que pasa en oración alimentará su fe.

Soledad transportable

Al profundizar en el material que edifica la fe: sea las Escrituras, la oración u otros medios, se hace más fácil en soledad, lejos de las distracciones de la vida cotidiana. No puedo pensar de un mejor edificador de la fe que alejarse periódicamente a un centro de retiros o incluso a una habitación en un hotel por una tarde, un fin de semana o incluso una semana de lectura en silencio y reflexión.

Pero esa clase de soledad es difícil lograr... y el silencio algunas veces es algo casi imposible. No es fácil concentrarse regularmente en cosas que edifican la fe mientras que al mismo tiempo seguir siendo parte del siglo veinte, pero puede hacerse. Henri Nouwen, un escritor de avanzada de la vida interna, es un buen ejemplo.[11] Aun cuando escribe acerca de la oración y la reflexión, no vive en un monasterio desierto, sino en una ruidosa ciudad. Como sacerdote ocu-

10 Katharina von Schlegel, «Be Still, My Soul» [Quédate quieta, alma mía], 1752, tr. Jane L. Brothwick, 1855.

11 Sus libros incluyen *The Way of the Heart* [El camino del corazón], Ballantine, NY, 1981, *With Open Hands* [Con las manos abiertas], Ballantine, NY, 1981, *Reaching Out* [Alcanzando], Doubleday, NY, 1986, *Making All Things New: An Invitation to the Spiritual Life* [Haciendo todas las cosas nuevas: Invitación a la vida espiritual], Harper, San Francisco, 1981, *In the Name of Jesus: Relfections on Christian Leadership in the Future* [En el nombre de Jesús: Reflexiones sobre el liderazgo cristiano del futuro], Crossroad, NY, 1989, *The Living Reminder* [El recordatorio vivo], Seabury, Minneapolis, 1977 y *Lifesigns* [Señales vitales], Doubleday, NY, 1986.

pado y profesor con varios otros intereses, ha descubierto soledad como un estado transportable de la mente y del corazón, antes que un lugar geográfico.

Muchos «cristianos apurados» que conozco sugieren con maneras creativas de lograr «soledad transportable» para nutrir su fe sin un sentido de añadir más cosas a sus horarios diarios ya de por sí demasiado atiborrados. Las siguientes son algunas de las ideas:

- El tiempo de conducir es valioso. Michelle y otras personas que viajan en California de su hogar a su lugar de trabajo han pactado usar este tiempo para reflexionar. Apagan la radio y escuchan sólo casetes que estimulan la fe, los cuales se intercambian. O simplemente dedican tiempo para orar y contemplar. Michelle llama a su automóvil: «mi monasterio móvil».
- David, cuyo médico le dio el ultimátum de «ejercicio diario o la muerte», lee la Biblia y otra literatura cristiana mientras pedalea en su bicicleta fija. Otras veces recorre metódicamente su lista de oración mientras trota. He oído que muchos que trotan y caminan hacen lo mismo que David. Algunos encuentran un compañero y hacen de sus períodos de ejercicio ocasiones de oración y discusión sobre asuntos espirituales.
- Las personas de negocios que viajan disponen de una mina de oro de tiempo para desarrollar la fe a bordo de aviones y habitaciones de hotel. Mac, cuyo rostro hace poco sonreía en la primera plana del periódico, empaca una carpeta especial en su portafolio de «lectura para el camino». También dice que escribir un diario al finalizar cada día le ayuda a mantener su fe y su trabajo en perspectiva.
- A Regina no le importa cortar la hierba de su amplio patio. Por cierto, casi no puede subirse a su podadora de tractor con su casetera portátil y cargada de cintas de lecturas bíblicas y música cristiana o con su mente repleta con una lista de oración. La tarea pasa volando y el espíritu de Regina se eleva.

La mayoría de los consejeros cristianos estarían de acuerdo en que «alimentar la mente» es vital para una fe que crece. Y esto puede requerir esfuerzo concentrado. Pero déjeme advertirle algo: Tenga cuidado con la tentación de llenar todas las rendijas de su calendario con actividades «que edifican la fe» o de tratar de exprimir al máximo el tiempo. Buscar más tiempo del posible para nutrir la fe puede empujar a un dudoso a un *frenesí,* al punto de que en los desatinados intentos por aprovechar al máximo cada minuto, se pierda la eternidad.

Sin embargo, por atiborrados que estén nuestros calendarios, no nos atrevamos a descuidar el alimento de nuestra fe. Debemos buscar y rebuscar tiempo para escuchar la voz de Dios mediante su Palabra y la visión de otros creyentes. Un poco de creatividad puede ir muy lejos para ayudarnos a hallar y disfrutar de esas ocasiones provechosas.

No hay terreno neutral

Si no decide poner en su mente materiales que edifiquen la fe, alguien hará la elección por usted. Un ambiente muy secular automáticamente invadirá de mil maneras su cabeza con materiales que edifican las dudas. Todos los días los medios de comunicación masiva nos bombardean con personajes célebres que se ríen de Dios. La radio propaga a gritos canciones que aplauden la violencia, la lujuria y la codicia. Algunas películas, programas de televisión y revistas glorifican el dinero, el sexo y el poder. Otros degradan a las mujeres, ridiculizan a los hombres, explotan a los niños y se mofan de la fe. La propaganda tipo Avenida Madison también le llega en forma de carteleras en las calles, comerciales en la televisión, periódicos e, incluso, camisetas que propagandizan más codicia, egoísmo, violencia y lujuria. ¡Y *todo esto* se ve atractivo, sofisticado y correcto!

No se equivoque. Los pensamientos en nuestra cabeza nunca se quedarán neutrales. Descuide la fe, y las dudas ganarán de cajón.

La alternativa es simple. Decida creer o no creer, luego alimente su mente con materiales que respalden su decisión.

¿Demasiado mecánico? Concedemos que así parece. Pero esa es la alternativa que se abre ante usted.

Pues bien, en realidad hay otra opción: Usted puede decidir no decidir, que en realidad es una decisión también. Sin embargo, los que pasan su vida a horcajadas sobre una cerca son las personas más insatisfechas que conozco. Pasan por la vida queriendo dos cosas a la vez, y al mismo tiempo sin querer ninguna de ellas.

Los que están en la cerca sufren como mi amigo anciano. ¡Dice que padece de temblores tan malos que no puede quedarse quieto y de artritis tan avanzada que no soporta moverse! O como el pobre tipo de quien mi amigo Milton solía decir que no podía decidir. Aquel sujeto se despertaba a medianoche. La temperatura había descendido y su casa estaba tan fría que una sola frazada no podía calentarlo lo suficiente. Pero si salía de la cama que estaba medio caliente para buscar un cobertor, le daría más frío. Con sólo pensarlo le haría tiritar. De modo que pasaba el resto de la noche con demasiado frío como para dormir, pero no con el suficiente como para levantarse y buscar más frazadas. La indecisión le hacía miserable.

Tony Campolo cuenta de un estudiante que quedó atrapado en una cerca. Charlie era bien conocido en el plantel como alguien que no tenía tiempo para la iglesia o grupos de estudio bíblico, que ridiculizaba a los cristianos, que con frecuencia rondaba de cantina en cantina y que era abiertamente promiscuo.

Una noche después que Tony había hablado en una iglesia lejos de la universidad, la madre de Charlie se le acercó y se presentó, preguntándole si Tony conocía a su hijo. Así era. La madre prosiguió diciéndole cómo su hijo era activo en el grupo juvenil de su iglesia y dirigía estudios bíblicos en los meses de verano. Parecía que todos en su iglesia pensaban que era afortunada en tener un hijo tan maravilloso.

Al regresar a la universidad, Tony confrontó a Charlie con lo ocurrido: «Tú eres una persona completamente diferente cuando estás en tu casa con la gente de la iglesia, ¿verdad?»

Charlie agachó la cabeza avergonzado.

El siguiente semestre Carlos se acercó a la oficina de Tony y le dijo: «Dr. Campolo, ¿recuerda la conversación que tuvimos el año pasado? Pues bien, tenía razón; yo era un hipócrita. Pero ahora es diferente. Quiero que sepa que este verano no asistí ni una sola vez a la iglesia.

Aun cuando la conducta que Charlie escogió no era exactamente lo que el profesor tenía en mente, Tony escribió: «Charlie se está acercando más que nunca al Reino de Dios». Charlie comprendió claramente que *él* estaba haciendo una decisión. Cuando se bajó de la cerca, al menos era sincero respecto a las alternativas, aun cuando escogió la senda de la incredulidad.[12]

12 Anthony Campolo, *The Success Fantasy* [La fantasía del éxito], Victor, Wheaton, IL, 1980, pp. 52-53.

De nuevo, entonces, mantenerse en el sendero de la fe es cuestión de escoger:

- Decida si en realidad quiere creer.
- Vaya donde está la fe.
- Aclare el objeto de su fe.
- Decida poner en su mente material que edifique la fe.

Y luego láncese al paso cinco. Siga leyendo...

11

Fe que hace

Un quinto paso hacia la fe es hacer lo que esta haría y así empezar (o continuar) a experimentarla.

Pregunta: ¿Cuántas personas en su círculo pueden montar en bicicleta? ¿Dice que casi todo el mundo?

Segunda pregunta: ¿Cuántos lo aprendieron leyendo un libro, viendo un video o asistiendo a un seminario sobre el tema? ¿Ninguno? ¿Verdad? ¿Son estos los medios normales de aprendizaje para la generación presente? No, cuando se trata de montar en bicicleta, ¿no es cierto? Usted tuvo que subirse a la bicicleta y empezar a pedalear. Al principio se raspó las rodillas y dañó su orgullo. Luego, poco a poco, avanzó bamboleándose pero captando el quid del asunto. Y ningún libro, ni video, ni seminario le hubieran llevado a ese punto.

En muchas maneras la fe es algo muy parecido. La teoría no le llevará al punto. ¡Usted tiene «que subirse»! Tiene que «avanzar a la fe». Tiene que comprometerse para hacer lo que esta haría. Con el tiempo descubrirá que la conducta y valores que la fe requiere encajan en la realidad de su experiencia. Gradualmente adquirirá impulso hacia la fe, aun cuando a veces tal vez se sienta como un creyente bamboleante.

El experimento de la fe

Ahora bien, «hacer lo que la fe haría» no significa fingirla ni *pretender* ser un creyente. Conozco un animador espiritual de los que dicen «bravo, bravo», que solía afirmar: «¡Fíngelo hasta que lo consigas!» ¡Esto *no* es lo que tengo en mente aquí! No sugiero que usted diga que ha alcanzado cualidades éticas y morales que son más grandes que las realidades de su vida. Pero lo que sí quiero decir es que apunte a algo más grande de lo que ya tiene ahora. Pruebe los caminos de la fe cristiana. Empiece su «experimento de fe». Haga lo que esta haría.

Sin duda recuerda su clase sobre «el método científico» en la escuela secundaria, ¿verdad? Pues bien, me parece recordar que se trataba de algo así como esto: Forme su hipótesis (su teoría), luego pruébela mediante experimentos.

Por ejemplo, tal vez quiera teorizar que si *a* se mezcla con *b* de la manera *c*, resultará *d*. Pero eso es aún una teoría. Luego procede con el experimento. Mezcla *a* con *b*, de la manera *c* y cuando resulta *d*, dirá que está acercándose a validar su teoría.

En cierto sentido esta técnica se aplica también a la fe en Dios. Al «experimentar» con la fe, es decir, al hacer lo que esta haría, se acerca más a reafirmar su «teoría» acerca de Dios.

Pero hacer lo que la fe haría es más que someter a prueba una teoría.

Jesús dijo: «Si vosotros permaneciereis en mi palabra, seréis verdaderamente mis discípulos; y conoceréis la verdad, y la verdad os hará libres».[1] Para enseñar, Jesús no construyó una universidad; simplemente empezó a caminar y a hablar y a invitar a algunos amigos a que lo siguieran. Y a aquellos que *caminaron* con Él, *escuchando* lo que decía, *haciendo* lo que Él hacía, los llamó «discípulos», que literalmente significa: «aprendices que siguen las enseñanzas».

Jesús todavía actúa de la misma manera. «Permanecer en su palabra» no es simplemente escucharla, sino hacerla. Si usted procede a seguir a Jesús y diariamente implementa en su vida sus enseñanzas, se convierte en un discípulo. Seguirá y aprenderá, incluso cuando lo haga a nivel experimental. Pero conforme pasa el tiempo, llegará a *conocer* la verdad.

Con esto Jesús no quiso decir que «usted comprenderá toda la verdad». Lo que decía era que «experimentará *una relación* con la verdad».

«El conocimiento», para los griegos era información adquirida. Para los hebreos, no obstante, «conocer» significaba experimentar. Cuando la Biblia dice: «Conoció Adán a su mujer Eva»,[2] no quiere

1 Juan 8.31.
2 Génesis 4.1.

decir que él sólo poseía información acerca de la existencia de ella, sino que había experimentado intimidad con ella. De modo que Jesús nos dice que si andamos en sus enseñanzas, incluso con nuestras dudas, tarde o temprano llegaremos a conocer que sus enseñanzas son verdad; «experimentaremos» la realidad y relevancia de su verdad en nuestras vidas. Más importante aún, con el tiempo empezaremos a experimentar una relación con «Aquel que es la verdad».

«Probar» es creer

O, para mirar a la «experiencia» desde otro ángulo...

Pregunta: ¿Cómo persuadir a una persona para que crea en Dios?

Respuesta: ¡No se puede!

Pregunta: ¿Cómo prueba que hay un Dios?

¡La misma respuesta!

En el capítulo 3 observamos que nadie puede hacer creyente a otra. Nadie puede *probarle* que Dios existe ni que se preocupa por usted, ni que Dios tiene un plan para su vida. La única manera en que puede arribar a esa clase de fe es decidirse a ser receptivo para experimentar a Dios de primera mano. Y usted lo hace de nuevo al dar un paso adelante y hacer lo que la fe haría.

Imagínese tratando de convencer a alguna amiga de que el arco iris es hermoso, cuando ella jamás lo ha visto y rehúsa incluso abrir sus ojos y mirar uno.

—¿Por qué dices que son hermosos? —quizás pregunte.

—Está repleto de color —explica usted.

—¿Qué colores?

—Rojo, azul, verde...

—¡No me gustan el azul y el verde juntos!

—Se ven bien en el arco iris.

—¿Por qué debería aceptar lo que me dices?

Y la discusión puede continuar... a menos, por supuesto, que su amiga quisiera con suficiente intensidad ver el arco iris como para detenerse a mirar uno. Y entonces, sin duda, creería, porque hay algo acerca del arco iris que asombra a todo el que lo ve. Nunca he encontrado a alguien que piense que los arco iris son horribles, ¿y usted?

Mientras su amiga no experimente el arco iris, ningún argumento será suficiente. Una vez que experimentado, ningún argumento será necesario. ¡Creerá porque ha visto su esplendor!

De la misma manera (para cambiar la metáfora), usted debe «gustar la benignidad del Señor»[3] para creer de verdad en su «bondad». Entonces, una vez que ha «probado», «gustado», no necesitará mucha explicación adicional. Para que su fe en Dios usted debe «probar», «conocer», «confiar» y «obedecer», y no simplemente «creer» en Él abstractamente.

La fe actúa

La fe bíblica no es un simple ejercicio intelectual similar a creer que Saturno tiene anillos a su alrededor. Aun cuando creo que esos anillos existen, esa «fe» en los anillos de Saturno casi no tiene que ver con alguna cosa real en mi existencia en este momento. Es sólo un asentimiento intelectual. Y, en definitiva, no es la relación con Dios que la Biblia describe como fe.

Es más, la Biblia comenta específicamente sobre esa clase de fe. Santiago escribe en su epístola: «Pero alguno dirá: Tú tienes fe, y yo tengo obras. Muéstrame tu fe sin tus obras, y yo te mostraré mi fe por mis obras».[4]

Santiago no quería decir que las obras tienen algún poder salvador en sí mismas, ni que nuestros esfuerzos pueden de alguna manera congraciarnos con Dios. Más bien lo que dice es que la fe real hace más que aceptar o incluso creer; *actúa.*

Santiago continúa: «Tú crees que Dios es uno [que Él está fuera como los anillos alrededor de Saturno]; eso es bueno». Sin embargo, «también los demonios lo creen, y tiemblan», ¡pero continúan siendo demonios![5]

Juan nos presenta algunos *religiosos* con esta clase de fe «diabólica»:

> Con todo eso, aun de los gobernantes, muchos creyeron en Él; pero a causa de los fariseos no lo confesaban, para no ser expulsados de la sinagoga. Porque amaban más la gloria de los hombres que la gloria de Dios.[6]

3 1 Pedro 2.3, el tiempo verbal se ha cambiado para que encaje en el contexto.
4 Santiago 2.18.
5 Santiago 2.19, mi traducción libre.
6 Juan 12.42-43.

En otras palabras, estos «líderes» estaban conscientes intelectualmente de que Jesús era de Dios. Pero rehusaron poner la clase de *confianza* en Él que lleva a una relación en armonía con Dios.

Para Juan, la fe siempre es un verbo. Es acción. Así que no hallamos fe sentándonos en una torre de marfil examinando argumentos teóricos. ¡No! La fe sale a las calles polvorientas de la vida y vive según Dios dice. Conforme hacemos eso, poco a poco la voluntad de Dios cobra cada vez más sentido. Y mientras más la vivimos, más fuertemente creemos en ella.

Ahora bien, a lo mejor dice que este énfasis en la acción va en detrimento de la fe. ¿Acaso no se supone que debemos «confiar en Él» en lugar de tomar el asunto en nuestras manos?

Mírelo de esta manera:

Voy al doctor cuando estoy enfermo porque confío en él. Pero imagine que él escribe una receta y me ordena: «Tome una píldora diaria durante una semana». La próxima semana regreso quejándome de que me siento más enfermo que la semana anterior.

—¿Tomó la medicina? —inquiere el doctor.

—Pues, no, doctor. Si la tomara, a lo mejor daría una impresión equivocada. Confío en *usted*, no en la medicina ni en el farmacéutico ni en mi capacidad de comprar el medicamento.

El doctor tal vez diga:

—O toma las pastillas o se busca otro médico. Si confía en mí, tomará la medicina.

En otras palabras: «Confíe en mí y luego *actúe* según le digo».

O como Jesús lo dice: «El que quiera hacer la voluntad de Dios, conocerá si la doctrina es de Dios, o si yo hablo por mi propia cuenta».[7]

La fe es eficaz

Actuar igual que la fe lo lleva a uno a sentir lo que esta experimenta. Cuando hago lo mismo que la fe hallo que «la fe es eficaz». La palabra viva se «autoconfirma» incluso de una manera mucho más concreta que una experiencia «¡Ajá!»

Por ejemplo, Jesús dijo: «Más bienaventurado es dar que recibir».[8]

7 Juan 7.17.
8 Hechos 20.35.

«Pues, bien», dice usted, «esto es una buena teoría... pero, ¿es cierta?» Hay en realidad sólo una manera de hallarlo: *¡Dar!* Dé generosa y constantemente, y en poco tiempo empezará a experimentar las «bendiciones» de ser un dador. Cuando eso ocurra, puede decir: «Vaya, *sé* que es cierto».

Sharon halló de primera mano que el estilo de vida de fe es eficaz. Hace unos pocos años su fe estaba estancada. Sentía que debía trabajar más en la obra de Dios, pero en realidad no se sentía como anhelaba. Además, no pensaba que tenía nada importante que dar ni que alguien hubiera querido su «don». No obstante, Sharon no quería más fe. Se comprometió en enseñar a una clase de niños de cuarto grado en la Escuela Dominical.

Pero hay un poco más en esta historia. Sharon tiene esclerosis múltiple y está reducida a una silla de ruedas. Un simple movimiento de un lugar a otro es un enorme esfuerzo. Ella sabía que las molestias de transportar sus materiales didácticos de su casa a su auto y de este a su clase, podían ser demasiado para ella, pero quería *hacer* lo que su fe haría.

¡Eso fue hace seis años! Hoy Sharon es una miembro valiosa de un equipo muy fuerte de enseñanza. Sus muchachos la quieren... y han aprendido mucho a raíz de las limitaciones de ella. Otra pequeña satisfacción adicional: Sharon ahora se mueve en una silla de ruedas motorizada que sus admiradores le regalaron. Pero, lo más importante es que ha hallado que actuar según la fe es «eficaz». Nuevos sentimientos de autoestima y confianza en el cuidado de Dios la han bendecido con una calidad de vida bien mejorada.

Bud también descubrió que un estilo de fe es eficaz en sus realidades más profundas. A las siete de aquella noche a principios de diciembre, Bud finalmente sacó su automóvil del estacionamiento de su oficina, se dirigió por la calle Hastings hacia la entrada de la autopista y luego rumbo a casa en donde lo esperaba la chimenea ardiendo, la cena caliente y la familia que amaba.

Pero en el momento que pasa por la intersección de Hastings y Grande, entrevió a un muchacho delgado que debía tener alrededor de doce años. El muchacho estaba reclinado contra la pared de ladrillos rojos del viejo edificio Mims, llevaba estropeados zapatos de lona, pantalones demasiado cortos y una mugrosa camiseta... distando mucho de ser suficiente ropa para una temperatura de cuatro grados centígrados que seguía bajando.

Bud aceleró para cruzar la calle, ansioso de llegar a su casa y contento de que el muchacho no fuera su problema. Pero no pudo apartar de su mente el muchacho que tiritaba, de modo que en la segunda intersección dio una vuelta en redondo y volvió al edificio Mims. Bud abrió la puerta y le dijo:

—Hijo, ¿por qué no te vas a casa? Hace demasiado frío.

—Eso no es asunto suyo, señor —respondió el muchacho enderezándose.

Bud hubiera querido dejar las cosas allí, pero algo no se lo permitió. Apagó el motor y se apeó del vehículo.

—Hijo, voy a hacerlo asunto mío. No puedes quedarte aquí toda la noche vestido como estás. ¡Vete a casa!

—No puedo, señor. ¿Ve esta hoja de papel? Es una lista de compras. Hay un agujero en mi bolsillo y perdí el billete de cinco dólares que mi mamá me dio para que comprara estas cosas. No puedo ir a casa sin los víveres, señor.

—Pues, bien, simplemente regresa y consigue más dinero.

—Señor, se ve que no conoce a mi papá cuando se emborracha. Hoy es viernes por la noche, usted sabe. Sencillamente no puedo ir a casa sin las cosas.

Bud extrajo un crujiente billete de cinco dólares de su cartera:

—Mira, aquí tengo cinco dólares esperando por un muchacho como tú.

—¡Qué va! No hay manera en que pueda pagárselo, señor.

—¡Cómo no! Tengo algunos mandados que necesito para mañana, valdrán alrededor de cinco dólares.

Bud y el muchacho hicieron el trato. El dinero cambió de manos y el muchacho se dirigió al supermercado. Bud se quedó en la esquina viendo por los cristales al muchacho mientras la cajera empacaba los víveres en una bolsa y le daba el cambio, que el muchacho metió en su bolsillo. Levantando la bolsa de víveres, enderezó los hombros como todo un hombre y se fue silbando.

Pero entonces el joven vio de nuevo a Bud y se volvió de nuevo un niñito. Cruzó la calle corriendo, se le acercó y le puso la mano en el pecho a Bud. (Cuando Bud le contó a su esposa el incidente, al llegar a esta parte su voz se quebró y las lágrimas afloraron a sus ojos.) El muchacho alzó la vista. Su mandíbula temblaba mientras decía:

—¿Sabe una cosa, señor? ¡Cómo quisiera que usted fuera mi papá!

Bud dijo después que condujo su automóvil por otras treinta calles, simplemente buscando a otro muchacho al cual darle otros cinco dólares.

Por supuesto, estas «bendiciones recibidas mediante la generosidad» no son sino un ejemplo de «hacer lo que la fe haría». Las Escrituras están repletas de alternativas de estilo de vida, actitudes y valores que sólo se entienden cuando se experimentan.

¿Cómo saber los frutos de amar al que es difícil amar sino hasta que lo haga a uno que sea así? ¿Cómo saber la emoción de renunciar a ir al cine o a una comida a fin de alimentar a una familia sin hogar, sino hasta que lo haya hecho? ¿Cómo puedo conocer la confianza de depender en el cuidado de Dios sino hasta que me arriesgue y dé el paso en fe?

Podemos argumentar desde ahora hasta el día del juicio respecto a si es eficaz «andar por fe» en la vida y jamás llegar a una conclusión. Pero si empieza a «vivir la fe» haciendo lo mismo que esta haría, como Sharon y Bud, verá que el mensaje de la fe es «eficaz en la vida»... que «obra», que da «resultados». De modo que le insto a que empiece a experimentar la fe; pruebe la «fe teórica» en la práctica.

La fe obedece

Otra palabra para hacer lo que la fe haría es *obediencia*... y esta produce fe. A medida que continuamos caminando por el sendero de la fe en obediencia a la dirección que Dios nos da a través de la Biblia y otros cristianos, nuestra experiencia continúa edificando nuestra fe.[9]

Pero lo inverso también es cierto, por supuesto: No podemos ser creyentes si decidimos desobedecer mientras hacemos el intento de creer. Si seguimos haciendo lo nuestro y viviendo fuera de la voluntad de Dios pero todavía anhelando que la fe «venga», no lo hará. La desobediencia provoca duda.

La desobediencia penetra en dos maneras. Quizás signifique rehusar dar el paso de fe, declinar la acción, dejar de hacer algo que Dios quiere. Tal vez también denote que vamos en sentido contrario,

9 Juan 7.17.

optando por hacer algo que Dios ha prohibido. Cuando hacemos eso, nos alejamos del sendero de la fe y muy pronto perdemos el camino.

«Hacer lo que la fe haría», entonces, no sólo significa empezar (o continuar) la jornada de fe, sino corregir el rumbo si es necesario, admitiendo que se ha ido en dirección errada y luego preferir empezar una vez más en la senda correcta.

El término antiguo para esta clase de viraje necesario es *arrepentimiento*. Y Jesús lo dijo bien claro: «Si no os arrepentís, todos pereceréis igualmente».[10]

Un hombre que sirvió como uno de mis «mentores de fe» en mis primeros años, más tarde dejó a su esposa y se llevó a la esposa de otro hombre, destruyendo dos matrimonios, destrozando dos familias y dañando a dos iglesias. Sin embargo, insistía en que estaba «en el centro de la voluntad de Dios».

¿Cómo decidió tal cosa? Pues bien, estaba a punto de cerrar un negocio en el cual tenía la posibilidad de ganar o perder aproximadamente cincuenta mil dólares. De modo que hizo un trato con Dios: «Señor, si es tu voluntad que viva con esta mujer, confírmalo permitiéndome ganar esos cincuenta mil dólares. Si esta relación está fuera de tu voluntad, por favor, confírmalo haciéndome perder esos cincuenta mil dólares». Mi amigo ganó los cincuenta mil dólares y más, de modo que dio por sentado que «era claramente la voluntad de Dios que viviera en tal relación».

Muy rara vez veo a este amigo en la actualidad. Pero las últimas dos veces que hablé con él estaba teniendo problemas con su fe. Su vocabulario había cambiado muy significativamente.

No podemos amar la voluntad de Dios mientras andamos fuera de sus caminos. Predigo que mi amigo seguirá hundiéndose en la duda a menos que decida cambiar su rumbo equivocado y en lenguaje anticuado: «arrepentirse y obedecer». Dios no concede ninguna visión a un corazón dividido.

Hace años, y en otra parte, un colega con el cual tuve muy buena amistad empezó de manera sutil a adoptar un tono impersonal en la conversación y poco a poco se distanció socialmente de mí. Busqué en mi alma preguntándome si lo habría ofendido. Luego empezó a evadir los devocionales en grupo, incluso restando importancia a la

10 Lucas 13.3.

necesidad que nuestro personal sentía para tales momentos. Explicaba que su forma de ser era diferente y que con «esa cuestión emocional» no era cómo recargaba sus baterías espirituales. Hasta daba a entender que algunos estábamos imponiendo nuestras necesidades al resto del grupo. La duda me carcomía. El tiempo reveló, sin embargo, que este hermano había caído en las garras de la grosera inmoralidad. Por supuesto, no quería estar cerca de sus colegas ministros y franquearse con ellos, mucho menos acercarse más a la mirada del Santo.

¿Cómo podemos enfrentar la imponente santidad de Dios mientras albergamos rebelión, sea el pecado rojo o de cualquier otro color del arco iris? Aun cuando quizás digamos que anhelamos «hallar a Dios», mientras que al mismo tiempo voluntariamente escogemos desobedecerle en algún área de la vida, tendremos real miedo de encontrarle.

No se equivoque: La desobediencia siempre drenará su fe. Pero liberación maravillosa y renovación vendrán a través de genuino arrepentimiento, confesión y perdón. La fe perdida se recupera. Se restaura fresca vitalidad. Una vez más estamos es el sendero de una fe creciente.

El arrepentimiento, como la fe misma, es una elección, una decisión. Como Juan el Bautista lo dijo: nos «arrepentimos y creemos».[11] Y cuando lo hacemos, entonces el creer produce más arrepentimiento y este produce más creer, y así continuamos en una espiral de fe creciente. Este tipo de fe camina en el flujo de continuo arrepentimiento y regresar a la voluntad de Dios.

El viejo himno lo dice muy bien:

Para andar con Jesús no hay senda mejor
Que guardar sus mandatos de amor,
Obedientes a Él siempre habremos de ser
Y tendremos de Cristo el poder
Obedecer, y confiar en Jesús,
Es la senda marcada
Para andar en la luz.[12]

11 Marcos 1.15.
12 John H. Sammis (1846-1919), «Cuando andemos con Dios», tr. de Vicente Mendoza.

Avancemos en fe

En los cinco capítulos anteriores he sugerido algunos pasos prácticos para ayudarle a avanzar hacia una vida más fuerte y rica de fe.

1. Decida si quiere o no creer.
2. Vaya donde está la fe
3. Aclare el objeto de su fe.
4. Alimente su mente con material que edifique la fe.
5. Haga lo que haría la fe.

En realidad, estos pasos se mueven en círculo y continúan llevándonos a la cuestión clave: ¿Qué deseamos en el mismo centro del corazón? Estos cinco pasos no garantizan la fe, ni tampoco son todo lo que hay en el proceso de «ayuda para mi incredulidad». Pero pueden contribuir a salir del «centro muerto» y avanzar por el camino hacia una fe viva. Y la buena noticia es que, conforme avanzamos hacia Dios con cualquier fe de la que podamos hacer acopio, Jesús viene a nuestro encuentro. Es más, a medida que seguimos en nuestro accidentado viaje, Él está con nosotros en todo el camino.

Posdata

Eso no importa
Usted me trae noticias
De una puerta que se abre al final
De un corredor, luz del sol y canciones;
Cuando tengo la seguridad
De que todo corredor conduce a otro,
O a una pared vacía; ¡continúo avanzando![1]

T.S. ELIOT

1 Fragmentos de «The Family Reunion» [La reunión familiar], en *The Family Reunion*, copyright por T.S. Eliot y renovado en 1967 por Esme Valerie Eliot, reimpreso con permiso de Harcourt Brace Jovanovich, Inc.

Danzar al borde del misterio

Aldous Huxley una vez escribió que los seres humanos son «anfibios múltiples», criaturas creadas para abrirnos paso a través de muchos mundos a la vez: social, espiritual, emocional, cerebral, estético, sexual, sicológico y así por el estilo. Pero, añadió, desde que la revolución industrial ha uncido nuestras energías a la producción y la revolución tecnológica nos ha convertido en manipuladores de información, tendemos a vivir fundamentalmente en dos mundos lógicos: el de los datos y el de la productividad. Estos mundos están desplazando nuestros «otros mundos», que así se están atrofiando. Como resultado, estamos perdiendo el contacto con lo que significa ser humano.

¡Me parece acertado, Sr. Huxley!

Algo así también puede pasar con la fe. Los mundos racional, informativo y en secuencia lineal de la productividad tienden a dominar nuestras vidas en estos días. Por consiguiente, el resto de nuestros mundos sufre descuido y estamos perdiendo el contacto con mucho de lo que significa creer.

El cuadro mental de los tiempos amenaza despojar a nuestra fe de símbolos, rituales, dramas, misterio, poesía e historia, que nos hablan acerca de la vida y de Dios, lo que la lógica y la razón y el racionalismo nunca pueden decirnos. En su lugar, intentamos analizar y explicar a Dios. Las *Escrituras* se tornan simple información religiosa y la *fe* es sólo darse cuenta progresivamente de las metas morales o «religiosas».

Desde esta perspectiva no podemos esperar nada más que algo insípido. Una fe unidimensional, como una carpa con una sola estaca, que se desarma con facilidad. Sin embargo, nosotros los estadounidenses tendemos a asegurar la fe fundamentalmente con la sola estaca del pensamiento lógico. La fe que es nada más cerebral en contenido y en actividad sólo orientada hacia la meta, es «unidimensional».

No hay nada malo en tratar de comprender nuestra fe. Pero muchos lo tratamos con demasiado ardor. Intentamos explicar lo inexplicable, hallar lo indefinible, ponderar lo imponderable y desentrañar lo inescrutable. Una vida de fe importante no se puede tratar de esa manera. Si lo intentamos, sólo dejaremos a las personas con cabezas hinchadas y corazones encogidos.

Dios es demasiado inmenso y misterioso para confinarlo en un pensamiento de secuencia lineal y actividad orientada hacia la producción. Esto es cierto también para las personas. Hay mucho más en nosotros que palabras, bocas, oídos y cerebros. La vida tiene demasiado misterio y majestad como para reducirla a asuntos de información y producción.

Cuando al aborigen australiano se le pregunta el significado de las misteriosas pinturas en las paredes de una cueva sagrada, no puede explicarlo en palabras, ¡de modo que danza la respuesta! Asimismo, nosotros sabemos demasiado bien que muchos de los mejores valores de la vida desafían toda explicación:

- La explicación del amor no es amor.
- La explicación de un chiste no es humor.
- La explicación de la música no es música.
- La explicación de un poema no es poesía.
- ¡Y la explicación racional de la religión no es lo mismo a relacionarnos con el Santo!

¿Quién puede diagramar por completo el significado de un anillo de bodas? ¿O analizar el significado de las flores que se llevan a la habitación de un hospital o explicar el pan y la copa en la comunión? Sin duda, usted puede decir algunas palabras al respecto que bien pueden ser ciertas, pero nunca puede decir lo suficiente ni trasmitir toda la verdad.

Henry Van Dyke dijo de uno de sus historias: «¿Qué significa? ¿Cómo decirlo? ¿Qué significa la vida? Si el significado pudiera escribirse en una frase, no habría necesidad de contar la historia».[2] Y cuando a la gran bailarina de ballet Ana Pavlova se le preguntó:

«¿Qué dice cuando danza?», ella replicó: «Si pudiera decírselo, no tendría necesidad de danzar».

¡Ya lo creo! Cuando distanciamos nuestro ser más íntimo del delicado arte de creer, nos robamos nosotros mismos de más de lo que significa creer. La fe real, dinámica, toma nuestros misterios dramáticos y penetra dentro de ellos, sin importar cuán poco conmovedoras, ordinarias o hasta mal formadas pensemos que son nuestras vidas. La fe completa penetra en nosotros de manera que no podemos explicar ni cuantificar, pero que dan forma a su dirección.

El asunto del misterio

La Biblia no aclarará toda duda. Por cierto que algunas veces las Escrituras parecen, a primera vista por lo menos, generar nuevas dudas. La Biblia abraza paradojas.

Por ejemplo, Proverbios dice: «Nunca respondas al necio de acuerdo con su necedad». Luego el siguiente versículo instruye: «Responde al necio como merece su necedad».[2] ¡Vamos, Salomón! ¡Decídete! Pablo recomendó: «Sobrellevad los unos las cargas de los otros», y luego tres versículos más adelante añadió: «Cada uno llevará su propia carga».[3] ¿Cuál es correcto, apóstol? Las Escrituras dicen que los cristianos «son hechos libres» y no deben estar «otra vez sujetos al yugo de esclavitud», sin embargo, al mismo tiempo debemos ser «siervos de la justicia».[4]

Y estas son sólo algunas de las pequeñas paradojas. Hay mucho más grandes, también: la predestinación y el libre albedrío, o las obras y la gracia, o el juicio y la misericordia, apenas para señalar una pocas. A lo mejor usted sabe cómo explicarlas. Pero si lee lo suficiente, encontrará algunas paradojas bíblicas que confunden la sabiduría de todas las edades. Los cielos ofrecen algunas de las mejores verdades suspendidas entre paradojas.

La Palabra de Dios también presenta misterios. Por ejemplo, Dios existe. Tiene todo poder. Lo sabe todo. Es todo amor. Pero millares de personas se murieron de hambre este año también y el horror de la guerra ha matado a otros millares más... ¿Por qué? Si Dios lo sabe,

2 Proverbios 26.4-5.
3 Gálatas 6.2,5.
4 Gálatas 5.1; Romanos 6.15-22.

¿por qué no actúa? Si Dios ama, ¿por qué no se conmueve y hace algo? ¿Será que no tiene suficiente poder? Vamos. O bien no es todopoderoso, o no es todo amor o no lo sabe todo... ¡o no existe!

Creo que el Dios viviente sabe, ama y es omnipotente. Sin embargo, no sé cómo desenredar este dilema. Ah, he leído libros al respecto: *El problema del dolor* y un capítulo de *God in the Dock* [Dios en la cubierta] de C.S. Lewis, *Desilusión con Dios* de Phillip Yancey y otros. No obstante, este misterio aún me aturde la mente. Ha desconcertado a los mejores cerebros de todos los siglos.

Y a pesar de todo, el misterio es precisamente este asunto, ¿verdad? Un Dios tan pequeño que nosotros, los seres humanos limitados, pudiéramos explicar, no sería lo suficiente grande para ser adorado.

Años atrás mi amigo Juan Monroy, un periodista cristiano en Madrid, España, estuvo entre los reporteros seleccionados por el gobierno español para entrevistar al astronauta estadounidense James Irvin, quien se hallaba en una gira por Europa después de la misión de Apolo 15 a la luna. Monroy le preguntó al astronauta:

—¿Qué sintió cuando salió de la cápsula y sus pies tocaron la superficie de la luna?

Para la más grande sorpresa de Monroy, Irving contestó:

—Fue uno de los momentos más desilusionantes de mi vida.

—¿Cómo puede ser tan desilusionante estar de pie en la luna? —insistió Monroy.

—Toda mi vida me ha encantado el romance y el misterio de la luna —explicó Irving—. Canté canciones de amor bajo la luna. Leí poemas de poetas hechizados por la luna. Abracé a mi esposa a la luz de la luna. Miraba con asombro la esfera lunar. Pero ese día, cuando salí de la cápsula y pisé la superficie lunar y me agaché, todo lo que recogí fue dos puñados de polvo gris. No puedo describir la pérdida que sentí conforme el romance y el misterio desaparecían. *¡Para mí ya no hay más luna en mi cielo!*

Monroy observó además: «Cuando llegamos al lugar en donde pensamos que comprendemos y podemos explicar al Todopoderoso, no habrá más Dios en nuestros cielos».

La Palabra de Dios no sólo *revela* su infinito amor y asombrosa santidad, sino que también nos *vela* su majestad en misterio y paradoja que trasciende toda comprensión. Él es Dios, ¡no humano!

«Mis pensamientos no son vuestros pensamientos», dice el Señor, «ni vuestros caminos mis caminos».[5] Pienso que Dios nos dice: «Y ustedes, hijos míos, no son simplemente mortales, tampoco. Siempre estarán extendiéndose más allá de su finitud temporal, observando por destellos y escuchando por susurros del infinito».

Dios ha puesto eternidad en nuestros corazones. Una parte de nosotros vive en mundos del más allá, ¡incluso cuando a veces hallamos difícil estar en contacto!

¡Ah, sí! Debido a que Dios y la humanidad son sumamente grandes para una explicación, la Biblia concede mucho más que información y objetivos lógicos. Dios habla a *todos* nuestros mundos mediante el drama, la música, la poesía, las historias, las paradojas y el misterio. La Biblia arroja matices que se extienden mucho más allá de los simples datos en maneras demasiado maravillosas como para explicar y demasiado sagradas como para imaginar. La fe total despierta a nuestros mundos y danza por ellos, impactándonos en múltiples niveles y moviéndonos con profunda fuerza. Esta clase de fe, como una tienda sostenida desde muchos ángulos, tendrá pocas probabilidades de caer.

Despertar todos sus mundos

Así, ¿qué tiene todo esto que ver con el control de las dudas?

Simplemente que usted *puede* descubrir, o recuperar, la esencia de la sal de la vida y de la fe, el vigor y potencia de creer y, por consiguiente, de vivir. Puede dejar que Dios vuelva a despertar todos los mundos de su ser y moldear con mucha dulzura una fe rica y plena. Para hacerlo, sin embargo, quizás tenga que hacer algunos cambios en la manera en que aborda su vida.

Primero, a lo mejor necesita aminorar su marcha. Siempre es tentador aferrarse de la fe y «arreglar» la fe rota con rapidez, porque nosotros, en nuestra cultura, estamos muy obsesionados con la velocidad y la productividad. Pero en nuestros desatinados intentos de ahorrar tiempo podemos perder con mucha facilidad la eternidad. Vivir fielmente, una vida que «está llena de fe», rara vez viene en medio de la prisa. Para hallar nuestro camino a la fe tal vez necesitemos reducir nuestras RPM y enfriar nuestros motores.

Segundo, quizás necesita acallar el ruido y buscar soledad para poder

5 Isaías 55.8.

escuchar la voz de Dios. Elías, quien buscó la voz de Dios en un poderoso viento, en un terremoto y en el crepitar de un fuego, lo oyó sólo en «un silbo apacible y delicado».[6] En un mundo saturado con altoparlantes de gran potencia, tránsito, televisión, estruendo de motores de retropropulsión, locutores, sirenas y alaridos, ¿cómo puede una persona contemplar al Dios del silbo apacible y delicado?

El salmista dice: «Estad quietos, y conoced que yo soy Dios».[7] Henri Nouwen advierte: «La palabra es el instrumento del mundo presente y el silencio es el misterio del mundo futuro».[8] Tal vez sea difícil hallar soledad en nuestro mundo, pero la nutrición de las raíces profundas de la fe exige que busquemos el silencio hasta hallarlo. Y descubrir el silencio pide decisiones específicas. Si no ataco el reloj y el calendario, ¡ellos me atacarán a mí!

Nouwen también llama a la soledad: «el horno de la transformación».[9] Para explorar nuestras duda y fe, y para confrontar al Santo, debemos sin excusas escapar de la charla superficial de las múltiples relaciones y actividades y hallar grandes porciones de soledad, incluso en medio de los días febriles y atiborrados.

Tercero, para despertar todos sus mundos, quizás necesita simplificar y priorizar lo que absorbe en su vida. Entramos a la vida precisamente como dice la Biblia: por la puerta estrecha. Una vida plena no se alcanza por la vía ancha, que trata de acumular tantas cosas, ideas y experiencias como sea posible. Demasiado, nos asfixiará.

El novelista Thomas Wolfe, anhelando una vida plena, dijo en cierta ocasión que quería «viajar en todos los trenes, leer todos los libros y dormir en todas las camas».[10] Puedo entender los sentimientos de Wolfe. Yo, también, soy un curioso insaciable y tiendo a meterme en constante exceso de compromisos a no ser que «me pierda algo».

Pero estoy aprendiendo que a este ritmo jamás agotaré los sucesos; ellos me agotarán. La vitalidad consiste en la calidad de la vida, no simplemente en la cantidad. La vida eterna es la que dura para

6 1 Reyes 19.11-12.
7 Salmo 46.10.
8 Henry Nouwen, *The Way of the Heart* [El camino del corazón], Ballantine, NY, 1981, pp. 34-35.
9 Nouwen, *Way of the Heart*, p. 13.
10 Citado en William C. Kerley, «Finding Faith Again» [Hallando la fe de nuevo], *Mission*, noviembre de 1972, p. 6.

siempre. Pero esa verdad no dice toda la historia. Una eternidad de vida de baja calidad sería una maldición, no una bendición.

En realidad, el concepto bíblico de «vida eterna», cuando se toma de las Escrituras en conjunto, ¡tiene tanto que ver con cómo vivimos como con cuánto tiempo vivimos![11] Quizás por esto Francisco de Asís aconsejó:

> Si quieres gozar de una vida libre,
> No hay prisa, avanza lentamente,
> Haz pocas cosas, pero hazlas bien,
> Las alegrías del corazón son santas.[12]

Cuarto, para mantenerse en contacto con todo lo que usted es y todo lo que Dios es, quizás necesita volverse más reflexivo. Las Escrituras nos recuerdan que las personas realmente bendecidas meditan de día y de noche, y que son como árboles plantados junto al río, bebiendo nutrientes y vida. La fe rica no se detiene a nivel superficial. Se planta en suelo fértil y toma vida desde lugares profundos. El salmista pasa a indicar que quienes no cavan ni profundizan son movidos por todos lados. Están a merced de su ambiente: como «el tamo que arrebata el viento».[13]

El más profundo significado y vitalidad se encuentran en el misterio de las cosas, incluso en el lugar más pequeño y más común. Necesitamos ojos que vean y oídos que oigan... porque muy por debajo de la superficie, en lo más profundo de lo que siempre hemos visto y oído y hemos esperado ver y oír, corren significados y realidades mucho más hondos en espera de que se aprovechen. Dice Samuel Miller:

> Necesitamos echar fuera nuestras preciosas seguridades, para ver lo que está ocurriendo por primera vez en un nuevo nivel, con todo el fresco vigor de la primera mañana de la creación[...] La creación es todavía una realidad, pero solamente cuando somos capaces y estamos dispuestos a poner-

11 Evidencias de esto aparecen en Juan 10.10, Juan 1.4, Romanos 8.10-17, Filipenses 1.6, 1 Juan 5.1-2.

12 Francisco de Asís, de la pista de sonido de la película *Brother Sun and Sister Moon* [Hermano Sol, Hermana Luna], © 1972 Euro International Films S.P.A. Historia original y libreto de Suso Cechi D'Amico, Kenneth Ross, Lina Wertmuller, Franco Zeffirelli, música de Donovan. Permiso solicitado.

13 Véase el Salmo 1.

> nos frente a frente con su perturbador misterio. Es un misterio que constituye el clima para creer y sin el cual el misterio de cualquier fe es aburrimiento.[14]

¡Atrévase a reflexionar! Colóquese junto al drama, la poesía, el misterio que de cualquier fe tenemos. Reflexione en las cuestiones arduas, también. ¿Cómo resuelve el dolor, el aburrimiento, la enfermedad, la tragedia, la muerte, la vida, el nacimiento y la naturaleza? Esto despertará su yo adormecido a niveles que no pueden alcanzarse de ninguna otra manera. ¡No tema hacerlo! La fe cristiana mira más allá en el significado de la vida de lo que la mayoría de los observadores casuales ven al primer vistazo.

De modo que no se quede atrás. Venga dentro de la fe. Dé el salto audaz de la fe. Como nadadores en el oleaje, antes que luchar contra las fuerzas que les rodean, necesitamos sentir la corriente y abandonarnos a su flujo. No luche contra la fe. No la analice. Deléitese en ella. ¡En Él! Dios jamás le decepcionará.

Si usted nunca ha tenido fe, puede aprender a creer.

Si su fe se ha secado, puede refrescarse.

Por cierto, quizás requiera de nuevos hábitos de pensamiento, nuevas disciplinas, nueva dirección. Y, por supuesto, exige una decisión que usted toma... y sigue tomándola. Pero el milagro no está en su propia capacidad para nacer de nuevo, sino en la ilimitada gracia que está a su disposición. La esperanza puede estar simplemente más allá de su primer paso.

¡Usted puede creer! La fe puede hallarse... ¡y renovarse!

Lo sé.

Por experiencia propia.

14 Citado en Kerley, «Finding Faith Again», p. 6.

Apéndice

Materiales para la mente que edifican la fe

Libros populares

Lewis, C.S. *Crónicas de Narnia*, siete volúmenes, Editorial Caribe, Miami, FL, 1977-1982.

McDowell, Josh. *Más que un Carpintero*, Editorial Betania, Miami, FL, 1978.

______. *Evidencia que exige un veredicto*, Editorial Clie, Fort Lauderdale, FL, vol. 2, 1990.

Libros intermedios

Crabb, Larry. *De adentro hacia afuera*, Editorial Unilit, Miami, FL, 1991.

Smalley, Gary y John Trent. *La bendición*, Editorial Betania, Miami, FL, 1990.

Tillich, Paul. *Dinámica de la fe*, Editorial La Aurora, Argentina.

Westerhoff, John. *¿Tendrán fe nuestros hijos?*, Editorial La Aurora, Argentina.

Yancey, Phillip. *Desilusión con Dios*, Editorial Vida, Deerfield Beach, FL, 1990.

Libros avanzados

Lewis, C.S., *Cristianismo y nada más*, Editorial Caribe, Miami, FL.

Schaeffer, Francis, *Él está presente*, Logoi, Libros International, Miami, FL.